„Eine Bibel schön und groß, haben sie gefunden, diese Sünde, denkt euch bloß, kostet viele Arbeitsstunden.“

Die Verfolgung der Zeugen Jehovas 1933 bis 1945 in Hückeswagen, Radevormwald und Wermelskirchen.

T. Martin Krüger

Bergischer Verlag

Impressum

ISBN: 978-3-96847-039-9

Ergänzende Anregungen sind unter
tmartinkrueger@gmx.de willkommen.

Herausgeber: Verein Bergische Zeitgeschichte e.V.

Redaktion: T. Martin Krüger
Layout und Satz: T. Martin Krüger
Herstellung und Vertrieb: Bergischer Verlag
Printed in Germany

Gedruckt mit freundlicher
Unterstützung von:
LVR
Qualität für Menschen

BZG
Bergische Zeitgeschichte

Hückeswagen
Radevormwald
Wermelskirchen

Inhaltsverzeichnis

Anhang

Vorwort

Mein Großvater litt im KZ Sachsenhausen – dies ist eine meiner frühen Kindheitserinnerungen. Und sie hat mich tief geprägt. Diese Erinnerung steht für eine mutige Haltung, vor der ich immer Respekt hatte. Mein Großvater war ein Mann, der für seinen tiefen Glauben bereit war, die Konsequenzen zu tragen. Er war überzeugt davon, dass es unrecht ist, einen anderen Menschen zu töten und das galt auch im Krieg. Er war überzeugt, dass es falsch sei, einen Menschen als Führer zu verehren oder mit „Heil Hitler" zu grüßen. Er war Zeuge Jehovas und sprach mit anderen Menschen von seiner Auffassung, dass nur „Gottes Reich" die Lösung aller Probleme sei. Zu dieser Maxime stand er, selbst wenn dies bedeutete in einem Konzentrationslager der Nazis unter Bedingungen inhaftiert zu sein, die ich erst nach und nach zu verstehen begann.

Mein Großvater überlebte das KZ Sachsenhausen – doch er sprach nicht oft darüber. Die 70er Jahre waren eine Zeit des Aufbruchs und das allgemeine Interesse an dem erduldeten Leid war noch nicht vorhanden. Und für mich als Jugendlichen schien die Zeit schon so endlos fern zu sein. Dennoch hatte ich durch ihn acht weitere Menschen, Männer und Frauen, aus meiner Heimat Wermelskirchen kennengelernt, die ähnliches durchgemacht hatten.

1990 starb mein Großvater und mir wurde bewusst, dass ich eigentlich viel zu wenig über sein Leid unter der ständigen Überwachung und Verfolgung durch die NS wusste. So begann ich Archive und Gedenkstätten anzuschreiben und Dokumente zu sammeln. Nach meiner Heirat lebte ich 12 Jahre in den neuen Bundesländern. Auch hier traf ich auf Zeugen Jehovas. Mein Schwiegervater hatte 18 Monate mit 140 jungen Zeugen Jehovas in einer Gefängnisbaracke in Bautzen verbracht, eingesperrt wegen Wehrdienstverweigerung. Stasi-Informanten schrieben Zeitprotokolle und beobachteten die Familie auf Schritt und Tritt. Wurden Jehovas Zeugen in der NS-Zeit fälschlich noch als Kommunisten diffamiert, so bezeichnete die DDR sie nun als Spione des Westens.

Der Autor mit seiner Mutter Sybille Kämmer bei der Verlegung des Stolpersteins für seinen Großvater Ludwig Bischoff

Nun begann ich Geschichten von weiteren Opfern zu sammeln und zu veröffentlichen. Bei verschiedenen Ausstellungen begegnete ich weiteren KZ-Überlebenden. Später lernte ich Gunter Demnig und sein Projekt der Stolpersteine kennen. Ein Freund berichtete mir, dass für seinen Großvater ein solcher Stolperstein verlegt wurde. Ich nahm Kontakt mit der Stiftung-Spuren-Gunter Demnig auf. Seit dem 19. Februar 2021 erinnert nun auch in meiner Heimatstadt Wermelskirchen ein Stolperstein in der Berliner Straße 112 an meinen Großvater. Und weitere Stolperstein-Verlegungen im Bergischen Land sind bereits geplant.

Anlässlich der Stolperstein-Verlegung für meinen Großvater hielt auch Frau Iris Kausemann, die

Vorsitzende des Vereins Bergische Zeitgeschichte e. V. eine Rede, in der sie die Gefühle der Opfer schilderte. Bald war die Idee eines gemeinsamen Buchprojekts geboren, welches nun vorliegt. Für dieses Projekt forschte ich in den Archiven in vier verschiedenen Ländern - so führte die Spurensuche u. a. nach Rotterdam und Breslau, dem heutigen Wrocław. Besonderer Dank gebührt dabei dem Stadtarchiv Leverkusen, in dem viele Entschädigungsakten der überlebenden NS-Opfer im Bergischen Land liegen, dem Landesarchiv NRW Abteilung Rheinland, das viele geheimpolizeiliche Untersuchungsberichte und Prozessakten verwahrt und dem Archiv Zentraleuropa von Jehovas Zeugen in Selters (Taunus).

Große Unterstützung erhielt ich dabei auch von Gerhard Stock von der Ortsversammlung der Zeugen Jehovas in Wermelskirchen, der seit vielen Jahren Erinnerungen über die örtlichen NS-Opfer gesammelt hat. Auch der Mecklenburger Historiker Falk Bersch hat mich immer wieder mit seiner Expertise unterstützt. Besonderer Dank gebührt ebenfalls der Historikerin Angela Nerlich, die in mühsamer Kleinarbeit viele Forschungsergebnisse geprüft und verifiziert hat.

Das Bergische Land spielte in der Geschichte der Religionsgemeinschaft der Zeugen Jehovas immer schon eine wichtige Rolle: Hier entstanden einige der ersten Gemeinden in Deutschland. Hier wurde das erste Verwaltungszentrum auf dem europäischen Festland eröffnet. Und hier siedelten sich nach dem Krieg viele Gläubige an, die in der Zeit der Verfolgung alles verloren hatten.

Für dieses Buch wurden Biografien und Dokumente zu 292 Personen gesichtet und ausgewertet. Von 96 Männern, Frauen und Kindern speziell aus dem Raum Wermelskirchen und Radevormwald (aber auch darüber hinaus) berichtet dieses Buch. 91 Opfer von insgesamt rund 10.700 verfolgten Zeugen Jehovas im Deutschen Reich. Eine kleine Gruppe vielleicht, doch eine mutige Gruppe, deren Geschichte nicht vergessen werden darf, da sie uns zeigt, wie leicht Menschen, Nachbarn und Arbeitskollegen, durch Falschinformation und Intoleranz stigmatisiert werden können und welchen Wert Meinungs-, Religions- und Pressefreiheit daher für uns alle haben.

T. Martin Krüger
im Mai 2022

Grußwort der Herausgeberin

Seit nunmehr 20 Jahren setzt sich der Verein Bergische Zeitgeschichte e. V. für die Aufarbeitung der NS-Zeit in den drei bergischen Städten Hückeswagen, Radevormwald und Wermelskirchen ein. Oft wurden wir belächelt oder gar angefeindet mit den Worten „Wen interessiert das denn heute noch?“, „Könnt ihr die Vergangenheit nicht ruhen lassen?“, „Wir leben heute, was können wir für unsere Vorfahren?“ Unbeirrt sorgten wir für die Verlegung von Stolpersteinen, führten Veranstaltungen gegen das Vergessen durch, gaben Publikationen heraus, um dem entgegenzuwirken, was wir heute erleben: Das Erstarken von rechtsradikalem Gedankengut, das auf Inhalte der NS-Ideologie zurückgreift. Und jetzt würde ich so gerne allen zurufen „Wacht auf! Schaut doch genau hin! Lasst Euch nicht von Hass, aggressivem Patriotismus und Hetze beeinflussen!“, „Das war doch alles schon einmal da und brachte nur Tränen und Leid!“.

Das Leid von Terror und Krieg, Denunziation und Verfolgung steht nicht nur in den Geschichtsbüchern, sondern wird uns heute noch durch Zeitzeugen berichtet. Das Leid traf den Einzelnen und Familien wegen ihrer Nationalität, wegen ihres Glaubens, wegen ihrer politischen Einstellung oder aus Willkür. Freunde, Bekannte, Verwandte, Kollegen, Mitschüler, Vereinsmitglieder wurden verfolgt, eingesperrt, gefoltert und getötet! Söhne, die sich weigerten, eine Waffe in die Hand zu nehmen, einfach erschossen. Sollen unsere Kinder und Enkel so etwas wieder miterleben müssen? Hier bei uns?

Das Leid ist zeitlos und deshalb ist auch das Gedenken zeitlos. Nur die Erinnerung hilft, Frieden zu bewahren und die Werte unserer Demokratie, Freiheit und Humanität zu erhalten.

Aber dazu braucht es den alltäglichen Einsatz eines jeden Einzelnen. So möge diese Veröffentlichung Mahnung für die Gegenwart und Auftrag für die Zukunft sein, für Frieden und Freiheit einzutreten.

Ein herzliches Danke an den Autor Herrn T. Martin Krüger, der in akribischer, zeitaufwändiger Recherche das Leben und Leiden der Jehovas Zeugen in bergischen Städten nun für die Nachwelt transparent gemacht und für immer festgehalten hat. Gerne haben wir diese Arbeit unterstützt.

Ihre Iris Kausemann
1. Vorsitzende Verein Bergische Zeitgeschichte e.V.

Grußwort des Bürgermeisters von Hückeswagen

Liebe Leserinnen und Leser,

mit diesem Buch hat der Autor T. Martin Krüger in Zusammenarbeit mit dem Verein Bergische Zeitgeschichte e.V. das bisher weitgehend unerforschte Kapitel der Verfolgung der Zeugen Jehovas im Bergischen Land während der Zeit des NS-Diktatur in Deutschland aufgearbeitet.

Die NS-Zeit war auch im Bergischen Land von der Verfolgung einzelner Bevölkerungsgruppen geprägt. Wer sich nicht der Ideologie der Nationalsozialisten anpassen wollte, war schwersten Repressalien bis zur Verfolgung und zum Mord ausgesetzt. Es ist wichtig, die Erinnerung an dieses düstere Kapitel der deutschen Geschichte aufrecht zu erhalten.

Was dieses Buch dabei so besonders macht, ist der Fokus auf das individuelle Schicksal einzelner Personen. Es wird die Lebensgeschichte und das Leiden von 95 Opfern aus unserer Region während des sogenannten Dritten Reiches geschildert. Die Schicksale reichen dabei von Verfolgung und Inhaftierung bis zur Ermordung in einem Konzentrationslager. All diese Personen stammen aus dem Bergischen Land und man erkennt schnell, dass sie unsere Nachbarn oder Arbeitskollegen hätten sein können.

Durch diese persönlichen Geschichten wird das Grauen erlebbar und zeigt, wie scheinbar nichtige Anlässe der Grund für Leid und Verfolgung sein konnten. Diese Schicksale schlagen die Brücke zur Jetztzeit und belegen eindrucksvoll, dass wir auch heute entschieden gegen Vorurteile und die Verfolgung Andersdenkender eintreten müssen.

Ich bedanke mich sehr herzlich bei dem Autor und dem Verein „Bergischen Zeitgeschichte", dass sie mit diesem Buch die Erinnerung lebendig halten. Nur wenn wir aus der Vergangenheit lernen, können wir die Zukunft verbessern. Diese noch gar nicht so lange zurückliegende Zeit darf sich auf keinen Fall wiederholen und ich hoffe, dass die Leserinnen und Leser viele Erkenntnisse aus dem vorliegenden Werk ziehen können.

Ihr Dietmar Persian
Bürgermeister Schloss-Stadt Hückeswagen.

Grußwort des Bürgermeisters von Radevormwald

Liebe Leserinnen und Leser,

wer auf dem Stadtgebiet von Radevormwald über die Namen Paula Dürhager, Hans Rolf Selbach und Hilde Hahne „gestolpert“ ist, ist bereits in Berührung mit einem riesigen Mahnmal gekommen, das wie ein Netz über Deutschland liegt. Die „Stolpersteine“ erinnern an die Opfer der unmenschlichen Verbrechen der Nazi-Diktatur. Allein in Nordrhein-Westfalen wurden über 15 000 Stolpersteine verlegt. Die drei Stolpersteine, die in Radevormwald zu finden sind, wurden 2016 in das Stadtbild integriert. In diesem Jahr werden zwei neue Stolpersteine in Radevormwald verlegt, die an das Ehepaar Emil und Martha Guth erinnern.

Dank der minutiösen Recherche von T. Martin Krüger wurde das Schicksal dieser beiden Menschen beleuchtet sowie das Leid, das sie im Dritten Reich erfahren mussten. Der Autor hat das Leben der Jehovas Zeugen im Bergischen zu einem nachvollziehbarem Stück Zeitgeschichte gemacht.

Als Bürgermeister der Stadt Radevormwald bin ich dankbar für diese Arbeit und das Engagement des Vereins Bergische Zeitgeschichte e.V., der sich in Hückeswagen, Wermelskirchen und Radevormwald für die Aufarbeitung unserer Geschichte einsetzt. Unsere Stadtarchivarin Iris Kausemann hat sich als Vorsitzende des Vereins Bergische Zeitgeschichte e.V. für die Veröffentlichung dieser Schrift eingesetzt.

Wenn wir in Zukunft über die Namen von Martha und Emil Guth „stolpern“, werden wir an ihren Kampf für ihren Glauben und ihre Freiheit zurückdenken. Sie und alle anderen Opfer der NS-Zeit in unserer Erinnerung zu haben, wird uns an den unermüdlichen Einsatz für unsere Demokratie, die nicht selbstverständlich ist, erinnern.

Johannes Mans
Bürgermeister Radevormwald

Grußwort der Bürgermeisterin von Wermelskirchen

Liebe Leserinnen und liebe Leser,

im Februar 2021 wurde in Wermelskirchen der Stolperstein für Ludwig Bischoff verlegt. Er überlebte die Zeit im KZ Sachsenhausen und lebte nach seiner Befreiung bis 1987 mit seiner Ehefrau Elisabeth in der Berliner Straße 112 in Wermelskirchen. Als Bürgermeisterin durfte ich an dem besonderen Tag für die Familie dabei sein, als der Stolperstein auf dem Bürgersteig vor dem Wohnhaus verlegt wurde.

Stolpersteine, die in vielen Städten im Bergischen Land an die schrecklichen Gräueltaten des NS-Regimes erinnern, sind ein wichtiges und sichtbares Instrument, um nicht nur die Erinnerung lebendig zu halten, sondern auch, um den Menschen die Würde und Identität zurückzugeben.

Es war jener Tag, an dem der Stolperstein für seinen Großvater verlegt wurde, an dem T. Martin Krüger gemeinsam mit Iris Kausemann, der Vorsitzenden des Vereins Bergische Zeitgeschichte, die Idee entwickelte, ein Buch über die Geschichten der Zeugen Jehovas zu sammeln, die durch die Nazis verfolgt, gequält, inhaftiert und auch hingerichtet wurden. Durch die akribische Recherche ist es dem Autoren gelungen, ein bisher weitestgehend unbekanntes Stück Zeitgeschichte für die Nachwelt zu sichern. Und dafür bedanke ich mich bei T. Martin Krüger und dem Verein Bergische Zeitgeschichte von ganzem Herzen, weil es eklatant wichtig ist, Lehren aus den schrecklichen Fehlern der Vergangenheit zu ziehen. Es darf nie wieder geschehen, dass Menschen wegen ihres Glaubens oder ihrer Überzeugungen gedemütigt, verfolgt, gequält oder gar ermordet werden.

Die bewegenden Leidensgeschichten der Menschen aus dem Bergischen Land, die für ihren Glauben und ihre Werte eingestanden sind und von der NS-Diktatur dafür bestraft wurden, sind eine Mahnung an die Nachwelt. Es sind Erinnerungen, die nicht verblassen dürfen. Anhand der bedrückenden Erzählungen, Bilder und ergreifenden Abschiedsbriefe, die aus Konzentrationslagern zu den Liebsten geschickt wurden, gerät das dunkle Kapitel der Geschichte nicht in Vergessenheit.

Für den Blick in die Zukunft ist der Blick in die Vergangenheit nötig, um zu erkennen, wie wichtig Werte wie Freiheit und Menschlichkeit in unserer Demokratie sind.

Beim Lesen des Buches war ich zum Teil sehr bedrückt und geschockt von den persönlichen Schicksalen aus meiner Heimatstadt, aber auch beeindruckt von der inneren Stärke und Kraft dieser Menschen, mit der sie für ihre eigenen Überzeugungen eingetreten sind und sich so gegen das NS-Regime gewehrt haben. Ich würde mir wünschen, dass ihre persönlichen Lebensgeschichten, die in diesem Werk zusammengetragen wurden, dazu beitragen, die Vergangenheit nie zu vergessen.

Ihre Marion Lück
Bürgermeisterin Wermelskirchen

nach Morgenappell, ausrücken zur Arbeit...

„Eine Bibel schön und groß, haben sie gefunden, diese Sünde, denkt euch bloß, kostet viele Arbeitsstunden"

Die Verfolgung der Zeugen Jehovas 1933 bis 1945 in Hückeswagen, Radevormwald und Wermelskirchen

von T. Martin Krüger

Diese Gedichtzeile beschreibt die Gefühle der Wermelskirchenerin Gertrud Hartmann bei der Durchsuchung der Baracke der Zeuginnen Jehovas durch die SS in einem der drei Konzentrationslager, in denen sie genau 102 Monate ihres Lebens eingepfercht war.[1] Wie kam es zu der grausamen Verfolgung dieser kleinen Religionsgemeinschaft im Bergischen Land in den Jahren 1933 bis 1945?

Die Religionsgemeinschaft der Zeugen Jehovas zählt heute rund 210.000 Mitglieder in Deutschland. Doch ihre Geschichte begann im Bergischen Land vor 120 Jahren. Damals nannten sie sich noch Bibelforscher. Nachdem die um 1870 in den USA entstandene Religionsgemeinschaft im Jahr 1900 ein erstes Zweigbüro in London eröffnet hatte, wurde im Mai 1903 im Bergischen Land das weltweit zweite Zweigbüro eröffnet. Anlässlich eines Deutschlandbesuches von Charles T. Russell, dem Präsidenten der Watch Tower Bible and Tract Society in Brooklyn (New York) wurden die neuen Räumlichkeiten in der Mirkerstraße 45 in Elberfeld, heute einem Stadtteil von **Wuppertal** gemietet, nachdem bereits seit Juli 1902 ein Literaturdepot in Elberfeld existiert hatte. Als dieses Büro im Januar 1908 zu klein wurde, erfolgte der Umzug in die Wertherstraße 39 und im April 1909 in die Unterdörner Straße 76, beides in der damals noch unabhängigen bergischen Stadt Barmen.[2] 1911 wurden von Barmen bereits 40.000 Zeitschriften *„Der Wachtturm"* an Abonnenten versandt,

Vom Bibelhaus in Barmen, Unterdörner Str. 76 (rechts) organisierten die Bibelforscher (unten) Bibelkreise in ganz Deutschland. Auch druckten und versandten sie Tausende von Schriften.

[1] Hans Hesse / Jürgen Harder, 2001, Und wenn ich lebenslang in einem KZ bleiben müsste …, S. 111

[2] Wachtturm-Gesellschaft [Hg.], Erwachet! 08.07.1978 S. 12f

Erstausgabe der Zeitschrift „Das Goldene Zeitalter“, gedruckt 1923 in Barmen

annähernd ebenso viele wie in den USA.[3] 1914 begannen die Bibelforscher in Barmen auch selbst zu drucken und seit April 1923 druckten sie auf einer Heidelberger Schnellpresse ihre Zeitschrift *„Das goldene Zeitalter“* mit einer Erstauflage von 35.000 Exemplaren.[4]

Um das Jahr 1900 zog der Kolporteur (Missionar) Samuel Lauper aus der Schweiz nach **Wermelskirchen** und kurz darauf wurde dort die erste Gemeinde der Bibelforscher gegründet.[5] Zu den frühen Gemeindemitgliedern gehörten die Familien von Gottlieb Paas (1825-1905),[6] Karl Wellershaus (1867-1925),[7] sowie Otto Brosius (1862-1939), einem früheren Kirchenvorstand der Presbyterianer und seiner Frau Mathilde (1873-1933).[8] 1904 schlossen sich dann Hugo Oberhoff (1865-1956)[9] und seine Frau Hulda (1875-1968) an. Drei Jahre später bekannte sich auch Anna Siebel (1877-1953)[10] zu den Bibelforschern.

Karl Wellershaus, der sich bereits im Jahr 1900 als Bibelforscher taufen ließ,[11] war Mitinhaber der ehemals größten Sägefeilenfabrik der Welt, Gebr. Wellershaus im Ortsteil Preyersmühle. Er ließ sich seinen Anteil auszahlen, um damit die Verbreitung der biblischen Botschaft zu fördern. Seine Frau, Emma Helene Wellershaus (1870-1922)[12], schloss sich den Bibelforschern 1907 ebenfalls an. 1916 wurde Karl Wellershaus in das fünfköpfige Leitungskomitee der Bibelforscher für Deutschland berufen.[13] Viele Jahre lang besuchte er als reisender Vortragsredner (Pilgerbruder genannt) die Bibelforschergemeinden im ganzen Deutschen Reich von Lörrach bis Tilsit.[14] Ab 1921 hielt er den berühmten Vortrag

---

[3] Die Zeitschrift *„Der Wachtturm“ erscheint seit Juli 1879 in Englisch und seit April 1897 in Deutsch. Sie ist die wichtigste Publikation von Jehovas Zeugen und wurde 2020 in 379 Sprachen veröffentlicht und damit in mehr Sprachen als jede andere Zeitschrift.*

[4] Die Zeitschrift *„Das goldene Zeitalter“* wurde 1938 in „Trost“ umbenannt und erscheint seit der deutschen Ausgabe vom 08.01.1947 unter dem Namen „Erwachet!“. Sie erschien 2020 mit einer durchschnittlichen Auflage von 93.354.000 Exemplaren in 226 Sprachen als die Zeitschrift, mit der weltweit höchsten Auflage und kann unter www.jw.org/de/bibliothek/zeitschriften/ online gelesen werden.

[5] Jehovas Zeugen nennen ihre Gemeinden Versammlung. Zeitgleich wurde eine weitere Versammlung in Tailfingen (Württemberg) gegründet, wenig später dann auch in Gehlenbeck (Westfalen), Dresden, Berlin und Königsberg.(Gerhard Besier / Katarzyna Stoklosa [Hgg], 2018, Jehovas Zeugen in Europa – Geschichte und Gegenwart Bd. 3 S. 138, Wachtturm-Gesellschaft [Hg.], 1993, Jehovas Zeugen – Verkündiger des Königreiches Gottes S. 410.)

[6] Sterbeurkunde, Bergischer Geschichtsverein, Abteilung Wermelskirchen

[7] Sterbeurkunde, Bergischer Geschichtsverein, Abteilung Wermelskirchen

[8] Wachtturm-Gesellschaft [Hg.], Jahrbuch der Zeugen Jehovas 1974, S. 69

[9] Geburtsurkunde, Bergischer Geschichtsverein, Abteilung Wermelskirchen

[10] Geburtsurkunde, Bergischer Geschichtsverein, Abteilung Wermelskirchen

[11] Maschinegeschriebener, undatierter Bericht von Else Brosius

[12] Geburtsurkunde, Bergischer Geschichtsverein, Abteilung Wermelskirchen

[13] Johannes Wrobel: Die Ernsten Bibelforscher (Jehovas Zeugen) und ihre Wachtturm-Gesellschaft in Elberfeld und Barmen 1902-1923, in: *Geschichte in Wuppertal 2004,* Bergischer Geschichtsverein, Abteilung Wuppertal e.V. (Hg.), S. 86

[14] https://www.archiv-vegelahn.de/index.php/18-jehovas-zeugen/geschichte/5825-wellershaus-karl zuletzt

Karl Wellershaus (links mit seiner Frau Emma) verkaufte seine Anteile an der Feilenfabrik der Gebrüder Wellershaus (rechts) und verwendete sie für Predigtreisen. Mitte: Karls Spazierstock mit Firmenlogo.

mit dem Thema „Die Welt ist am Ende - Millionen jetzt Lebender werden nie sterben". Am 21.04.1925 verstarb er mit 57 Jahren in Wermelskirchen, Wolfhagener Straße 41. Wie seine Tochter Hilde Oehl berichtete, lauteten seine letzten Worte: „Kinder, bleibt in der Wahrheit! Seid treu und bewahrt immer einen starken Glauben".[15]

Die englische Ausgabe des Wachtturms gab die Zahl der Anwesenden des Wermelskirchener Bibelkreises bereits im Dezember 1904 mit *„dreißig bis vierzig Bibelforschern"* an. Seit 1910 traf sich die kleine Gruppe in dem Haus der Familie Brosius in der Grüne Straße 15. Einmal trafen sich im Garten der Familie *„100-200 Brüder und Freunde"* aus dem ganzen Land zu einer besonderen Versammlung. Seine Frau Mathilde Brosius ging bereits 1910 mit ihrem fünfjährigen Sohn Friedrich an der Hand von Haus zu Haus, um die biblische Botschaft zu verbreiten.[16] Für die Jahre 1908 bis 1912 bestehen Aufzeichnungen über die jährliche Wahl von Otto Brosius und Hugo Oberhoff als Gemeindeälteste.[17] Seit 1920 mietete Hugo Oberhoff dann ein Zimmer im Gasthof „Zum Schwanen" für die wöchentliche Besprechung der Zeitschrift *„Der Wachtturm"*. Eine weitere Zusammenkunft, Gebets- und Zeugnisversammlung genannt, fand wöchentlich im Haus von Martha Wurmnest statt. Vom 15. bis 17.03.1922 erlebte Wermelskirchen im Kino des Schifflerschen Saals in der Telegrafenstraße 1 die Aufführung des berühmten dreiteiligen „Photo-Drama der Schöpfung" – eine Produktion der Bibelforscher aus dem Jahr 1914, bestehend aus 500 mit Schallplatten vertonten Dias und handkolorierten Filmen.[18]

Unterdessen fuhren Bibelforscher aus Wuppertal regelmäßig nach **Radevormwald**, um auch dort ihren Glauben zu verbreiten. 1924 bekannte sich dort die Familie von Walther (1890-1980) und Auguste Schaumburg (1894-1969) zu den Bibelforschern. Mit zwei kleinen Kindern gingen sie jeden Sonntag zu Fuß nach Remlingrade, um von dort mit der

abgerufen am 28.06.2021

[15]Erlebnisbericht von Hilde Viktoria Oehl im Besitz ihres Sohnes Edgar Oehl

[16]Eigenbericht Friedrich Brosius, S. 3, Jehovas Zeugen, Archiv Zentraleuropa

[17]Handschriftliche Notiz in einem alten Bibelforscherbuch aus der Versammlungsbibliothek Wermelskirchen

[18]Maschinegeschriebener, undatierter Bericht von Else Brosius

Samstag, 11. März — Wermelskircher Zeitung — Nr. 60 — 1922.

Dabringhauser, Dhünner u. Burger Tageblatt.

Eintritt frei! Eintritt frei!

Das Photodrama der Schöpfung.

Die Erde vom gasartigen Zustand bis zu ihrer schließlichen Vollendung durch das messianische Königreich.

Interessant! Belehrend! Aufklärend! Wichtig für aufrichtige Zweifler! Wichtig für Gläubige! Ueber 500 künstlerische, schöne Lichtbilder nach Entwürfen erster Meister mit erklärenden Vorträgen zeigen **Vergangenheit, Gegenwart** und **Zukunft** im Lichte der Bibel. Alle ihre scheinbaren Widersprüche werden völlig beseitigt. Wunder und Zeichen Jesu. Totenauferstehung usw.

3 Abteilungen (jede Abteilung wird nur einmal gezeigt).

1. Abteilung: **Mittwoch, den 15. März,**
2. Abteilung: **Donnerstag, den 16 März,**
3. Abteilung: **Freitag, den 17. März.**

Beginn pünktlich 7,30 Uhr abends, im

Schifflerschen Saale.

Man versäume keinen Teil und sei pünktlich!

Eintritt frei! Jedermann herzlich willkommen! **Eintritt frei!**

Kinder haben keinen Zutritt.

Vereinigung ernster Bibelforscher.

Ankündigung des Photodramas in Wermelskirchen 1922

Bahn zu den Zusammenkünften der Bibelforscher in Wuppertal zu fahren. Später fanden in ihrer Wohnung in Radevormwald, sowie in der Gaststätte Dörner in der Kaiserstraße erste Zusammenkünfte statt. 1929 wurde im Saal der Firma Monich auch das „Photo-Drama der Schöpfung" gezeigt. Bis zum Verbot fanden dann regelmäßige Zusammenkünfte in der ersten Etage des Hauses Markt 6 statt.[19]

Bei Wermelskirchen, an der Bahnlinie von Remscheid-Lennep nach Opladen, stellten die Bibelforscher ein großes Plakat mit der Aufschrift „Lesen Sie „Das goldene Zeitalter"" auf. Mit Fahrrädern fuhren die Wermelskirchener nach **Hückeswagen**, Wipperfürth, Leverkusen und Langenfeld. Dabei verbreiteten sie große Mengen bibelerklärender Schriften und einige der dortigen Einwohner begannen die Zusammenkünfte in Wermelskirchen zu besuchen. So fuhr ein Besucher mit dem Fahrrad jede Woche die 13 km von Pattscheid nach Wermelskirchen und dann wieder zurück. 1931 nahmen die Bibelforscher den neuen Namen „Jehovas Zeugen" an – gestützt auf das Bibelwort in Jesaja 43,10: „Ihr seid meine Zeugen, spricht Jehova"[20].

Regelmäßige Predigtausflüge von Wermelskirchener Zeugen Jehovas nach Hückeswagen fanden noch bis Ende der 1970er Jahre statt. Seit 1960 gab es in Hückeswagen eine eigene Gemeinde mit einem eigenen gemieteten Königreichssaal (Kirchengebäude) der Zeugen Jehovas. Vorher besuchten die Gläubigen aus Hückeswagen die Zusammenkünfte in Wermelskirchen und Radevormwald. Die Geschichte der Verfolgung der Zeugen Jehovas im Bergischen Land während der Zeit des Nationalsozialismus lässt sich daher nur ortsübergreifend schildern.

Verbot der Zeugen Jehovas 1933 führt zu ersten Verhaftungen im Bergischen Land

In der Zeit des Nationalsozialismus verweigerten Jehovas Zeugen konsequent den sogenannten Deutschen Gruß „Heil Hitler", da sie aufgrund des Bibelworts aus

[19] Chronik der Versammlung Radevormwald erstellt anlässlich der Ausstellung "Hückeswagen, Radevormwald und Wermelskirchen im Nationalsozialismus 1933-45" im Wülfing-Museum vom 04.06. bis 10.07.2005

[20] Jehova ist nach der Heiligen Schrift der Eigenname Gottes. Alle Bibelzitate: Elberfelder Bibel, R. Brockhaus-Verlag, Wuppertal 1932

Apostelgeschichte 4,12 *„es ist in keinem anderen das Heil“,* nur von Jesus das Heil (die Rettung) erwarten. Gestützt durch die Worte des Vaterunsers *„Dein Reich komme“* erwarteten die Zeugen Jehovas die Lösung der Probleme nicht von dem „Dritten Reich“ Hitlers, sondern vom Reich Gottes. Daher verhielten sie sich politisch strikt neutral, eine Haltung, die der nationalsozialistische Staat nicht tolerieren wollte.

Weil die Druckaufträge im Zweigbüro bis dahin stetig zunahmen, hatte die „Internationale Vereinigung Ernster Bibelforscher“ bereits am 18.06.1923, wenige Tage vor dem Einmarsch französischer Truppen in Barmen, ihren Sitz nach Magdeburg verlegt. Am 24.04.1933 wurde dort das Hauptbüro der „Wachtturm Bibel- und Traktat-Gesellschaft“ in Magdeburg geschlossen. Vom 21. bis 24. August wurden in der Druckerei 65.189 kg Bibeln und biblische Literatur beschlagnahmt und verbrannt.[21]

Das Wermelskirchener Tageblatt berichtete am 30.06.1933: *„Durch eine Verfügung des Geheimen Staatspolizeiamts ist die Vereinigung „Ernste Bibelforscher“ einschließlich ihrer Nebenorganisationen für ganz Preußen verboten worden.“* Am folgenden Tag meldete die Zeitung: *„Die Vereinigung Ernste Bibelforscher wurde aufgelöst. Die vorhandenen Bücher und Schriften verfielen der Beschlagnahme“.* Grundlage dafür war die „Verordnung des Reichspräsidenten zum Schutz von Volk und Staat“ vom 28.02.1933. Diese von Paul von Hindenburg am Tag nach dem Brand des Berliner Reichstags unterschriebene Verordnung, setzte die Meinungs-, Presse- und Versammlungsfreiheit außer Kraft und erlaubte Hausdurchsuchungen, Beschlagnahmungen und Verhaftungen ohne juristische Kontrolle. Damit waren Jehovas Zeugen – auch im Bergischen Land – praktisch vogelfrei. Bis 1935 war es den Zeugen Jehovas im Bergischen Land noch möglich, den „Wachtturm“ und andere Literatur heimlich aus der Tschechoslowakei zu erhalten.[22]

Bereits 1933 begannen die Verhaftungen von Jehovas Zeugen im Bergischen Land. So wurde der 34-jährige Wuppertaler Karl Götzmann am 15.10.1933 in das KZ Emslandlager Börgermoor eingeliefert, wo die Gefangenen bei der Kultivierung der emsländischen Moore zur Zwangsarbeit eingesetzt wurden. Die gebürtige Wermelskirchenerin Hildegard Peters (1891-1969) wurde 1934 zweimal verhaftet und im Folgejahr zu 3 Monaten Haft verurteilt.[23] Auch Anna Siebel (1877-1953) aus Wermelskirchen, Friedrichstraße 73, wurde vom Oberlandesgericht Düsseldorf zu einem Monat Gefängnis verurteilt, die sie vom 21.11. bis 22.12.1935 in Wuppertal verbüßte.[24]

Die in Hückeswagen geborene Klara Staller (1891-1962)[25] erklärte in einem Verhör am 23.11.1937 mutig: *„Meinem Treueeid gemäß, den ich 1922 geleistet habe, bin ich heute noch Zeuge Jehovas.“*[26] Am 20.10.1943 wurde sie – inzwischen in Wermelskirchen wohnend - erneut von Nachbarn denunziert, doch die Gestapo erkannte, dass Nachbarschaftsstreitigkeiten die Ursache für die Denunziation waren. Erst drei Monate später kam es zu einer Hausdurchsuchung, bei der neben Zeitungsausschnitten ein Bibelforscher-Liederbuch gefunden wurde. Darauf wurde ihr bei einer Einbestellung am 14.02.1944 eine „eindringliche Verwarnung“ erteilt.

---

[21] Franz Zürcher, Kreuzzug gegen das Christentum, 1938, S. 75-85

[22] Achim Rassner, Wermelskirchen 1933 – Die Machtübernahme der NSDAP in Wermelskirchen, Dabringhausen u. Dhünn, in Wermelskirchen – Beiträge zu unserer Geschichte Band 5, Bergischer Geschichtsverein Abteilung Wermelskirchen e.V. (Hrg.), 1992, S. 174

[23] Entschädigungsakte 1810, Landesamt für Besoldung und Versorgung Baden-Württemberg. Geburtsurkunde, Bergischer Geschichtsverein, Abteilung Wermelskirchen

[24] Landesarchiv NRW Gerichte Rep. 114 Nr. 453, Nr. 454 und Nr. 1221 S. 26 R

[25] Geburtsurkunde, Bergischer Geschichtsverein, Abteilung Wermelskirchen

[26] Landesarchiv NRW Gerichte Rep. 114 Nr. 6882 S. 17 R

Oben: „Das Goldene Zeitalter", Ausgabe vom 15.09.1937. Unten: „Trost", Ausgabe vom 01.03.1938

Viele Zeugen Jehovas verloren auch ihren Arbeitsplatz, so z. B. der Schuhmacher Oskar Schäfer (1892-1964), der am 11.04.1938 von einer Wermelskirchener Firma nach 20 Jahren Betriebszugehörigkeit entlassen wurde. In einem Bericht der DAF vom 15.08.1935 wird ausgeführt: *„Dem Angeschuldigten wird zur Last gelegt, dass er beim Gemeinschaftsappell am Tage des grossdeutschen Reiches, welcher am 9.4.1938 stattfand, beim Singen des Deutschland- und Horst-Wessel-Liedes nicht die Hand hochgehoben hat und dass er ausserdem am 10. April 1938 nicht gewählt hat."* Oskar Schäfer wird dann wie folgt zitiert: *„Am 10. April 1938 habe ich deshalb nicht gewählt, weil ich die Wahl nicht für nötig hielt und glaube, dass es genügt, wenn Gott und Christus als Führer herrschen."*[27]

Wegen Wahlverweigerung musste er mit seiner Frau Olga Schäfer (1998-1982) drei Monate ohne Lebensmittelkarten auskommen. Schließlich fand er eine Anstellung als Hilfsarbeiter bei der Reichsautobahnbaustelle in Wermelskirchen, wurde aber auf Betreiben der DAF am 17.09.1938 auch hier entlassen. Auch seine minderjährige Tochter, die als Verkäuferin arbeitete, verlor ihre Arbeitsstelle.[28]

Andere deutsche Zeugen Jehovas befanden sich zur Zeit des Verbots im Ausland. Die Rückkehr nach Deutschland war ihnen versperrt, da sie ansonsten mit einer Verhaftung rechnen mussten. Zu ihnen gehörte der 1905 in Dessau geborene Optiker Fritz Dassler, der seit dem 01.04.1931 in der Buchbinderei des Zweigbüros der Zeugen Jehovas in Bern (Schweiz) tätig war. 1938 stellte er daher einen Einbürgerungsantrag in der Schweiz, über den jahrelang nicht entschieden wurde. Schließlich wandte er sich am 20.12.1944 persönlich an den Schweizer Bundespräsidenten Eduard von Steiger. Obwohl die Polizeibehörden keine Bedenken äußerten, wurde der Fall bis 1950 nicht entschieden, da Jehovas Zeugen sich auch in der Schweiz weigerten in der Armee zu dienen.[29] Daraufhin zog Fritz Dassler nach Wermelskirchen, wo er bis zu seinem Tod ein aktives Mitglied der dortigen Gemeinde der Zeugen Jehovas blieb.

Jehovas Zeugen reagierten auf die Verfolgung,

---

[27] Landesarchiv NRW Entschädigungsakte BR 3008 285243

[28] Jehovas Zeugen, Archiv Zentraleuropa

[29] Dossier E5330-01#1975/95#9830* und E4320B#1991/243#1452, Schweizerisches Bundesarchiv

indem sie diese öffentlich machten. Die deutsche Ausgabe der Zeitschrift *„Das Goldene Zeitalter“* vom 15.09.1937 erschien mit einem Titelbild auf dem Hitler, Mussolini und Stalin mit den Bewohnern des biblischen Landes Kanaan verglichen wurden, die Gottes Volk in biblischer Zeit bedrohten. Zu Beginn des Folgejahres wurde der Titel der Zeitschrift in *„Trost“* umbenannt.[30] Das Titelbild der Ausgabe vom 01.03.1938 zeigte einen römischen Triumphzug, bei dem der Diktator Symbole des Nationalsozialismus und des italienischen Faschismus verwendete. Die Zeitschriften wurden in Bern (Schweiz) gedruckt und von Kurieren heimlich über die Grenze geschmuggelt. Bei Hausdurchsuchungen suchte die Polizei daher gezielt nach diesen Zeitschriften. Nicht wenige der im Folgenden genannten Zeugen Jehovas aus dem Bergischen Land wurden verfolgt, weil sie die Zeitschriften als Kuriere transportierten, verteilten oder auch nur besessen hatten. Zu ihnen gehörten Ernst Baus, Martha Wurmnest, Gertrud Hartmann, Karl Noske, Anna Diener, sowie Emil und Martha Guth.

Der Schweizer Redakteur der Zeitschriften, Franz Zürcher, veröffentlichte 1938 in Zürich das Buch *„Kreuzzug gegen das Christentum“* in Deutsch, Französisch und Polnisch. Darin wurden über 100 Angriffe der Nationalsozialisten gegen Jehovas Zeugen gründlich dokumentiert. Das Buch enthielt auch Zeichnungen der Konzentrationslager Sachsenhausen und Esterwegen. Damit machten Jehovas Zeugen die Existenz von Konzentrationslagern bereits frühzeitig bekannt. Der Nobelpreisträger Thomas Mann schrieb über das Buch: *„Mir scheint, einen stärkeren Appell an das Weltgewissen kann es nicht geben.“*[31]

1939 wurde dann weltweit eine Broschüre mit dem Titel „Faschismus oder Freiheit“ mit einer Auflage im zweistelligen Millionenbereich verbreitet. Auf dem Titelbild sah man einen inhaftierten Zeugen Jehovas, der mit Fußfesseln angekettet war, auf denen das Hakenkreuz, sowie Hammer und Sichel abgebildet waren. In der Broschüre wurde mit Bezug auf Hitler ausgeführt: *„Das allgemeine Volk in Deutschland liebt den Frieden. Der Teufel hat dort als seinen Vertreter einen unbarmherzigen, grausamen, fanatischen Menschen zur Macht erhoben.“*[32]

Oben: Titel der Broschüre „Faschismus oder Freiheit“.
Unten: „Das Goldene Zeitalter“, Ausgabe 01.06.1934

[30]Siehe Fußnote Nr. 4

[31]Wachtturm-Gesellschaft [Hg.], Jahrbuch der Zeugen Jehovas 1987, S. 144

[32]Wachtturm-Gesellschaft [Hg.], Erwachet!, 22.08.1995, S. 9

Rudolf Klüting, Paul Schwartz, Walter Schaumburg und elf andere aus Radevormwald im Massenprozess 1935

Die ersten Verhaftungen von Zeugen Jehovas in Radevormwald erfolgten 1935. Seit dem 27.11.1934 hatte die Gestapo die Post des Feilenhauers Rudolf Klüting und anderen Zeugen Jehovas überwacht. Am 03.03.1935 verkaufte er zusammen mit Paul Schwartz Bibeln im Stadtteil Honsberg, um so Gespräche über biblische Themen beginnen zu können. Die beiden wurden von einem pensionierten Lehrer angezeigt. Es wurde ein Strafverfahren wegen des Verkaufs von Bibeln ohne Gewerbelegitimationskarte eingeleitet, das am 16. März eingestellt wurde. Dennoch wurden Rudolf Klüting und seine Frau Adele am 12.08.1935 in Schutzhaft genommen.

Bevor Paul Schwartz 1932 zu den Zeugen Jehovas konvertierte, war er viermal wegen schweren Diebstahls verurteilt worden. Ein Studium der Bibel führte dazu, dass er sein Leben änderte und ein ehrlicher Mensch wurde. Doch schon vier Jahre später suchte die Polizei ihn erneut, diesmal gerade wegen seines neu gefundenen Glaubens. Da er als Schachtmeister auf einer Baustelle der Reichsautobahn arbeitete, war er zunächst unauffindbar. Anfang September 1935 verhaftete die Polizei bei Hilden zunächst einen namensgleichen, doch falschen Bauarbeiter. Am 24.09.1935 wurde er schließlich auf der Autobahnbaustelle in Hubbelrath, heute ein Stadtteil von Düsseldorf verhaftet.[33]

Paul Schwartz war mit Anna Maria Schwartz, geb. Heide verheiratet. Anna Maria hatte zwei pflegebedürftige, verheiratete Schwestern, um die sie sich kümmerte: Hedwig Hillebrand und Therese Klüting. [34] Alle drei Ehepaare wohnten in der Bredderstraße 22 in Radevormwald im gleichen Haus, wo sie auch gemeinsam in der Bibel lasen. Im Herbst kam es nun zu Verhaftungen von sieben Ehepaaren: Albert (1875-1945) und Ida Marta Fischer (1879-1940)[35], Hugo (1881-1959) und Selma Elfriede Herminghaus (1883-1970),[36] Albert Christian Carl (1900-1993) und Hedwig Hillebrand (1900-1962)[37], Karl (1895-1958) und Theresie Klüting (1897-1981)[38], Rudolf (1883-1965) und Adele Ida Klüting[39] (1901-1966)[40], Hugo Wilhelm Walther (1890-1980) und Auguste Schaumburg (1894-1969)[41], sowie Paul Hermann (1898-1981)[42] und Anna Maria Schwartz (1903-1961)[43].

Nachdem die drei zuvor genannten Personen bereits in Haft waren, wurden neun weitere am 27.09.1935 verhaftet. Das Verfahren gegen die pflegebedürftigen Hedwig Hillebrand und Therese Klüting wurde zunächst abgetrennt. Auch Anna Maria Schwartz wurde nach der Vernehmung zunächst entlassen, da sie sich um ihr einjähriges Kind, sowie um ihre

[33] Stadtarchiv Leverkusen, Entschädigungsakte 4010-4856 S. 12. Seine Schutzhaft endete zunächst am 20.10.1935.

[34] Stadtarchiv Leverkusen, Entschädigungsakte 4010-4898.

[35] Landesarchiv NRW Gerichte Rep. 147 Nr. 573. Stadtarchiv Radevormwald, Sterbeurkunde Albert Fischer

[36] Stadtarchiv Leverkusen, Entschädigungsakte 4010-4895. Stadtarchiv Radevormwald, Sterbeurkunden Hugo und Elfriede Herminghaus. Elfriede Herminghaus war eine Schwester von Carl Klüting.

[37] Stadtarchiv Radevormwald, Sterbeurkunde Hedwig Hillebrand

[38] Stadtarchiv Radevormwald, Sterbeurkunde Therese Klüting. Karl Klüting war nicht mit Rudolf Klüting verwandt.

[39] Adele Klüting engagierte sich nach dem Krieg im Vorstand der Vereinigung der Verfolgten des Naziregimes (VVN) in Radevormwald: Stadtarchiv Leverkusen, Entschädigungsakte 4010-4898, Bl. 14, 15

[40] Stadtarchiv Radevormwald, Geburtsurkunden Rudolf und Adele Klüting.

[41] Landesarchiv NRW Gerichte Rep. 88 Nr. 628. Stadtarchiv Radevormwald, Sterbeurkunden Walter und Auguste Schaumburg

[42] Stadtarchiv Leverkusen, Entschädigungsakte 4010-4856. Landesarchiv NRW RW 0058/43444. Stadtarchiv Radevormwald, Sterbeurkunde

[43] Stadtarchiv Leverkusen, Entschädigungsakte 4010-4900. Landesarchiv NRW Gerichte Rep. 88 Nr. 667. Stadtarchiv Radevormwald, Sterbeurkunde

Rader Bibelforscher vor Gericht

Alle Angeklagten erhielten Gefängnisstrafen von 1–5 Monaten

Remscheid, 23. Nov.

Vor dem Remscheider Schöffengericht, das unter dem Vorsitz von Amtsgerichtsrat Spengler gestern tagte, wurde gegen 12 Angeklagte aus Radevormwald verhandelt, die sich trotz dem Verbot der Internationalen Bibelforscher-Vereinigung doch noch in deren Sinn betätigt hatten.

Die Angelegenheit hatte viel Staub aufgewirbelt, als vor einem Vierteljahr die Kriminalpolizei 14 Verhaftungen vornahm. Die

gefährdenden Inhalts zum Preise von 50 Pfennigen oder einer Mark zu verkaufen. Dann waren sie in ihren Wohnungen zusam-

Oben: Zeitungsartikel vom 23.11.1935 zum Massenprozess gegen Bibelforscher in Radevormwald. Unten links: Siegfried und Auguste Schaumburg mit ihrem Sohn. Unten rechts: Rudolf und Adele Klüting (links im Bild) und Paul Schwartz (rechts außen)

Schwestern kümmern musste. Am 02.10.1935 wurden Paul Schwartz und die anderen acht Verhafteten dem Amtsgericht Remscheid-Lennep vorgeführt, welches sie bis zum Prozess auf freien Fuß setzte.

Am 22.11.1935 fand in Remscheid dann der Massenprozess gegen die 12 Beschuldigten aus Radevormwald statt: Wegen „Fortführung der verbotenen Organisation der Ernsten Bibelforscher" wurden alle Angeklagten zu Gefängnisstrafen verurteilt, die die meisten von ihnen am 27.12.1935 antraten.[44] Auch das abgetrennte Verfahren gegen die beiden Frauen wurde schließlich zwei Monate später noch mit einer Verurteilung zu 150.- Reichsmark bzw. alternativ einen Monat Haft abgeschlossen.[45]

Aufgrund einer Eingabe der Baufirma Heinrich Stöcker AG aus Köln-Mülheim, des Arbeitgebers von Oberschachtmeister Paul Schwartz, musste dieser seine dreimonatige Haft erst am 04.01.1937 antreten.[46] Zwei Jahre nach seiner Haftentlassung stellte die

---

[44]Landesarchiv NRW RW 0058/ 15839. Der Name Schwartz wird später meist Schwarz geschrieben.

[45]Landesarchiv NRW RW 0058/ 15834

[46]Stadtarchiv Leverkusen, Entschädigungsakte 4010-4856

Gestapo ein Entlassungsgesuch wegen politischer Unzuverlässigkeit. Doch aufgrund mehrerer Eingaben seines Arbeitgebers, der ihm ein „tadelloses und einwandfreies Zeugnis" ausstellt, durfte er auf Anordnung des Generalinspekteurs für das deutsche Straßenwesen seinen Arbeitsplatz behalten.[47]

Der Maler Albert Fischer war bei seinem Haftantritt bereits über 60 Jahre alt. Er wohnte mit seiner Frau in der Südstraße 4 in Radevormwald. Im gleichen Haus wohnte auch Walther Schaumburg, der von Beruf ebenfalls Maler war, mit seiner Frau Auguste, einer Schneiderin, die ursprünglich aus Hückeswagen stammte. Das Ehepaar musste ihre beiden 10 und 13 Jahre alten Kinder ohne elterliche Aufsicht zurücklassen. Sie wurden während der Haftzeit der Eltern von den Großeltern versorgt.[48] Walther Schaumburg leitete nach dem Krieg neun Jahre lang die Gemeinde von Jehovas Zeugen in Radevormwald.

Am 01.04.1937 wurde auch der in Radevormwald geborene Konditor Erich Reinwald (1902-2001) verurteilt. Mit seiner Frau Elsa hatte er sich erst 1932 den Zeugen Jehovas angeschlossen. In seiner Wohnung in Wuppertal hatte er vier Kartons mit 505 Büchern aufbewahrt, die aus der Räumung eines Lagers nach dem Verbot der Bibelforscher stammten. Auch fanden in seiner Wohnung bis 1936 wöchentliche, geheime Zusammenkünfte der Zeugen Jehovas statt. Der Vater von drei Jungen im Alter von 5 bis 11 Jahren stellte ein Gnadengesuch, welches am 29.06.1937 abgelehnt wurde. Am 30.09.1937 wurde Erich Reinwald nach dreimonatiger Haft entlassen, doch entzog man seiner Familie die Kohlescheine des Winterhilfswerks.[49]

Wilhelm Carl schreibt ein Telegramm an Hitler

Wilhelm Carl (geb. 1878) ließ sich 1926 im ostpreußischen Elbing als Bibelforscher taufen. Am 07.10.1934 sandte die dortige Ortsgruppe der Zeugen Jehovas ein Telegramm an Hitler, welches er anschließend als Abschrift heimlich in Briefkästen verbreitete. Eine solche Abschrift liegt seinem Haftentschädigungsantrag in Leverkusen bei. Darin heißt es u. a.: *„Sie handeln im Widerspruch zu Gottes Gesetz u. in Verletzung unserer Rechte. [...] Wir folgen dem Rat der treuen Apostel u. müssen Gott mehr gehorchen[,] als den Menschen. [...] Wenn ihre Regierung oder Regierungsbeamte uns Gewalt antun[,] weil wir Gott gehorchen, so wird unser Blut auf Ihrem Haupte sein und sie werden Gott[,] dem Allmächtigen Rechenschaft ablegen müssen. Mit politischen Angelegenheiten haben wir nichts zu tun, sondern wir sind Gottes Königreich unter der Herrschaft Christi, seines Königs völlig ergeben."*

Am selben Tag erhielt Hitler ca. 20.000 Telegramme gleichen Inhalts von Gemeinden der Zeugen Jehovas in 50 verschiedenen Ländern. Im Büro von Dr. Wilhelm Frick ballte Hitler seine Fäuste zusammen und schrie hysterisch: „Diese Brut wird aus Deutschland ausgerottet werden."[50]

Der Polizei fiel Wilhelm Carl erstmals 1937 auf: Als Zuschauer einer Gerichtsverhandlung gegen seine Glaubensbrüder verweigerte er beim Eintreffen des Gerichts den Hitlergruß. Wegen „groben Unfugs" wurde er damals für 8 Tage in Schutzhaft genommen. Am 10.12.1937 wurde er dann auch selbst verhaftet und wegen der Verbreitung des Telegramms am 10.06.1938 zu 10 Monaten Gefängnis verurteilt, wobei er die letzten 4 Monate aufgrund einer Amnestie anlässlich des deutschen Einmarsches in Österreich nicht

[47]Brief vom 11.06.1940, Landesarchiv NRW RW58 Nr. 43444 S. 13

[48]Stadtarchiv Leverkusen, Entschädigungsakte 4010-4912

[49]Landesarchiv NRW Gerichte Rep. 114 Nr. 1008, Gerichte Rep. 147 Nr. 1861 und RW0058/ 50982

[50]Wachtturm-Gesellschaft [Hg.], Jahrbuch der Zeugen Jehovas 1974, S. 137-139

mehr verbüßen musste. Nach dem Krieg kam Wilhelm Carl als Flüchtling nach Radevormwald-Dahlhausen.[51]

Martha Wurmnest – in fünf Jahren viermal angeklagt

Wie schon 1933 verweigerten die Zeugen Jehovas auch am 29.03.1936 die Teilnahme an den Reichstagswahlen, bei denen die NSDAP nach offiziellen Angaben bei einer Wahlbeteiligung von 99 % einen Stimmenanteil von 98,8 % erhielt. Die Zeugen begründeten ihre Verweigerung damit, dass sie bereits Gottes Königreich als Regierung gewählt hatten. Martha Wurmnest (1887-1956), die sich seit 1923 zu den Bibelforschern bekannte, begründete diese Haltung in einem Verhör am 30.05.1938 wie folgt: *„Aus dem Grunde, dass ich mein Heil von Gott und nicht von Menschen erwarte, habe ich mich lediglich an keiner Wahl beteiligt [...]. Die Bibel sagt: „Niemand kann zwei Herren dienen", aus diesem Grunde habe ich nie gewählt und wende auch grundsätzlich den „Deutschen-Gruß" nicht an."*[52]

Martha Wurmnest stammte aus Dhünn (seit 1975 ein Stadtteil von Wermelskirchen). In ihrer Wohnung in der Sedanstaße 15 (heute Friedensstraße) fanden seit den 1920er Jahren Zusammenkünfte der Bibelforscher statt. Am 15.10.1935 wurde sie dafür von der Großen Strafkammer in Düsseldorf zu zwei Monaten Haft verurteilt,[53] die sie vom 21.11.1935 bis 22.01.1936 verbüßte. Zu den Verurteilten in diesem Verfahren gehörten auch Friedrich und Hans Brosius, sowie die ebenfalls in Dhünn geborene Anna Siebel, die bereits seit 1907 ein Mitglied der Wermelskirchener Gemeinde der Bibelforscher war. Weil alle Angeklagten sich im Gerichtssaal weigerten, mit „Heil Hitler" zu grüßen, wurden sie jeweils zu einem zusätzlichen Hafttag verurteilt.[54]

Ein weiteres Verfahren gegen Martha Wurmnest wurde 1937 aus Mangel an Beweisen eingestellt, nachdem zuvor bei einer Hausdurchsuchung keine Bibelforscherschriften gefunden wurden.[55] Insgesamt fanden bei ihr während der NS-Diktatur mindestens 10 Hausdurchsuchungen und Beschlagnahmungen statt.

An einem Samstag im Jahr 1938 erhielt Martha Wurmnest von dem Schlosser Ernst Baus (1900-1989), der als geheimer Kurier tätig war, 4 Kopien der Zeitschrift *„Der Wachtturm"*. Der im Jahr 1900 in Wermelskirchen geborene Baus war bereits am 01.08.1935 wegen Beteiligung an Sammlungen für in Not geratene Bibelforscher verhaftet worden. Auf Erlass des Gestapo-Hauptamtes in Berlin befand er sich vom 26.08.1935 bis zum 26.10.1935 im KZ Esterwegen in Schutzhaft.[56] Nach seiner Entlassung war er weiterhin als Kurier tätig. 1938 verriet ein anderer bereits verhafteter Kurier unter den brutalen Verhörmethoden der Gestapo den Namen von Ernst Baus, der daraufhin am 27.05.1938 erneut verhaftet wurde und am 12.08.1938 vom Sondergericht Düsseldorf zu 9 Monaten Haft verurteilt wurde. Obwohl sowohl seine Frau, als auch seine Tochter krank und hilfsbedürftig waren, blieb er bis zum 10.03.1939 in Haft.[57]

In der Zwischenzeit versuchte die Gestapo alle Personen, die von Ernst Baus Literatur der

---

[51] Stadtarchiv Leverkusen, Entschädigungsakte 4010-4867

[52] Landesarchiv NRW Gerichte Rep. 114 Nr. 1221, S. 21 R

[53] Wermelskirchener Tageblatt 16.10.1935, Stadtarchiv Wermelskirchen; Landesarchiv NRW Gerichte Rep. 114 Nr. 453 und 454

[54] Landesarchiv NRW Gerichte Rep. 88 Nr. 607. Anna Siebel wird auch in den Folgejahren mehrfach verhört.

[55] Landesarchiv NRW Gerichte Rep. 114 Nr. 6882

[56] Landesarchiv NRW RW0058/ 35625, S. 11: Telegramm vom 13.08.1935

[57] Landesarchiv NRW RW0058/ 35625, S. 34, 48 und Entschädigungsakte BR 3008 Nr. 9478

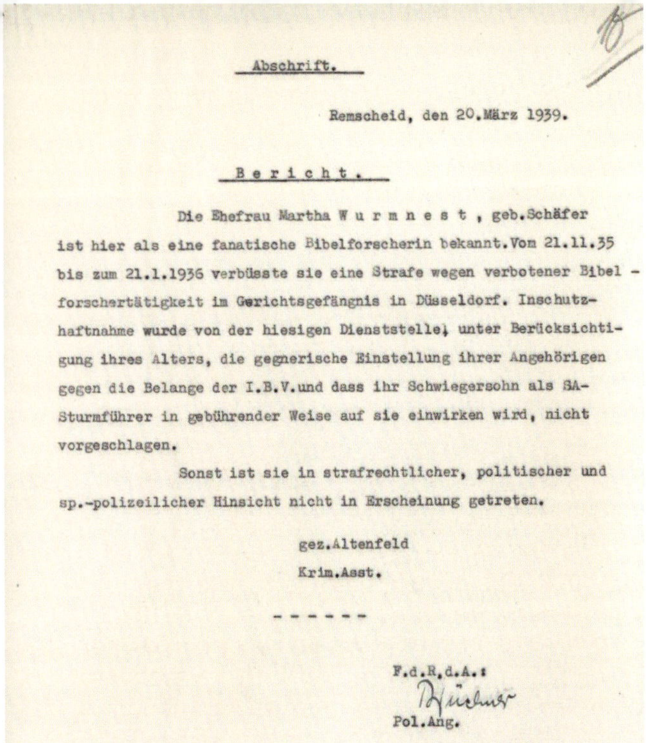

Abschrift.

Remscheid, den 20.März 1939.

Bericht.

Die Ehefrau Martha W u r m n e s t , geb.Schäfer ist hier als eine fanatische Bibelforscherin bekannt. Vom 21.11.35 bis zum 21.1.1936 verbüsste sie eine Strafe wegen verbotener Bibel - forschertätigkeit im Gerichtsgefängnis in Düsseldorf. Inschutzhaftnahme wurde von der hiesigen Dienststelle, unter Berücksichtigung ihres Alters, die gegnerische Einstellung ihrer Angehörigen gegen die Belange der I.B.V.und dass ihr Schwiegersohn als SA-Sturmführer in gebührender Weise auf sie einwirken wird, nicht vorgeschlagen.

Sonst ist sie in strafrechtlicher, politischer und sp.-polizeilicher Hinsicht nicht in Erscheinung getreten.

gez.Altenfeld

Krim.Asst.

\- - - - - -

F.d.R.d.A.:

Pol.Ang.

Gestapo-Dossier über Martha Wurmnest vom 20.03.1939

Zeugen Jehovas erhalten hatten, ausfindig zu machen. Daher wurde auch Martha Wurmnest am 27.05.1938 erneut verhaftet. Im Verhör gab sie zu Protokoll: *„Da ich auf Jehova einen Eid geleistet habe, und diesen auch niemals brechen werde, muss ich mich also hiermit als Zeuge Jehovas bekennen.“* [58] In der Anklageschrift heißt es dazu: *„Frau Wurmnest ist eine fanatische Zeugin Jehovas. Sie ist schon verschiedentlich zur Verantwortung gezogen worden, weil sie ihre Illegalität nicht unterlassen kann.“* [59] Am 12.08.1938 wurde sie im gleichen Verfahren, wie Ernst Baus zu 4 Monaten Haft verurteilt, [60] die sie vom 13.09.1938 bis 13.01.1939 in Anrath (heute Willich) ableisten musste. Dabei waren in jenem eiskalten Winter die Heizungsrohre des Gefängnisses eingefroren, sodass sie eine Woche in einem Strohsack auf dem Steinboden der ungeheizten Zelle schlafen musste, was ihre Gesundheit dauerhaft beeinträchtigte.[61]

Im Folgejahr hatte Martha Wurmnest mehr Glück. In einem Gestapo-Protokoll vom 20.03.1939 heißt es dazu: *„Inschutzhaftnahme wurde von der hiesigen Dienststelle unter Berücksichtigung ihres Alters, die gegnerische Einstellung ihrer Angehörigen gegen die Belange der I.B.V. [Internationale Bibelforscher Vereinigung] und daß ihr Schwiegersohn als SA-Sturmführer in gebührender Weise auf sie einwirken wird, nicht vorgeschlagen.“*[62]

Doch das war nur eine Ausnahme. Nach dem Ende der Olympischen Spiele in Berlin im August 1936 glaubte das NS-Regime noch weniger auf sein Ansehen im Ausland Rücksicht nehmen zu müssen. Ein Sonderkommando entdeckte *„den Ort, an dem illegal Schriften und Schallplatten hergestellt wurden, ein Literaturlager und eine illegale Druckerei.“*[63] Darauf nahmen die Verhaftungen im ganzen Deutschen Reich deutlich zu. Bereits am 19.05.1937 verfügte die Gestapo dann in einem Schreiben an alle Bezirksämter und Stadtkommissare über Jehovas Zeugen: *„Wird ein richterlicher Haftbefehl nicht erlassen oder später wieder aufgehoben, so ist die für die I.B.V. tätig gewordene Person gegebenenfalls auch über 7 Tage hinaus in Schutzhaft zu nehmen oder die Überstellung in ein Konzentrationslager zu veranlassen.“*[64] Von da an mussten Jehovas Zeugen damit rechnen, selbst nach Verbüßung einer vom Gericht erlassenen Strafe lebenslang in einem

---

[58] Landesarchiv NRW Gerichte Rep. 114 Nr. 1221 S. 21 R

[59] Landesarchiv NRW RW 0058/15756 S.18

[60] Remscheider Generalanzeiger, 13/14.08.1938, Archiv des RGA

[61] Stadtarchiv Leverkusen, Entschädigungsakte 4010-4858

[62] Landesarchiv NRW RW 0058/ 15756 S. 12

[63] Gerhard Besier / Katarzyna Stoklosa [Hgg], 2018, Jehovas Zeugen in Europa – Geschichte und Gegenwart Bd. 3 S. 174

[64] Reichssicherheitshauptamt / Korrespondenz 1933-1945, 1.1.0.2 / 82339917, ITS Digital Archive, Arolsen Archives

Konzentrationslager eingesperrt zu bleiben. Ihr Glaube, dass Gott eine dauerhafte Regierung der Nationalsozialisten nicht zulassen würde, gab ihnen die Kraft die schier unmenschliche Behandlung jahrelang durchzustehen, wie die folgenden Beispiele zeigen.

Friedrich Nathanael Brosius – 93 Monate Haft im KZ Buchenwald

Otto und Mathilde Brosius gehörten seit Beginn des 20. Jahrhunderts zu den ersten Bibelforschern in Deutschland. Nach dem Tod von Mathilde, die bis zu ihrem Tod im Jahr 1933 aktives Gemeindemitglied war,[65] wurde ihr Mann Otto, der mit seinem Sohn Friedrich seit 1931 ein gut gehendes Schuhgeschäft in Wermelskirchen, Grüne Straße 15 führte, im Alter von 72 Jahren Opfer einer Hausdurchsuchung. Dabei wurden am 13.02.1935 mehrere Kisten Bibelforscherliteratur gefunden, sowie eine Karte, mit der er an den Haustüren Luther-Bibeln verkauft hatte, um so biblische Gespräche führen zu können.[66]

Auch seine Söhne Daniel Alfred (1900-1946), Friedrich Nathanael (1905-1982) und Johannes Erich (genannt Hans; 1907-1956) waren spätestens seit 1926 als Bibelforscher aktiv. So waren Daniel und Hans von 1926 bzw. 1927 bis 1933 als Mitarbeiter im Zweigbüro der Zeugen Jehovas in Magdeburg tätig.[67]

Friedrich Brosius, der damalige Leiter der Wermelskirchener Gemeinde der Zeugen Jehovas, war seit 1929 in der Schuhfabrik Adolf Flöring GmbH für Reklamationen und Retouren verantwortlich. Da er den Hitlergruß und die Mitgliedschaft in der Deutschen Arbeitsfront verweigerte, verlor er 1934 auf Druck der NSDAP seinen Arbeitsplatz.[68] Am 15.10.1935 wurden Friedrich Brosius und sein Bruder Hans[69] zu je 3 Monaten Haft verurteilt, die Hans vom 21.11.1935 bis 21.02.1936 und Friedrich vom 24.06.1936 bis 24.09.1936 verbüßte.[70]

Im nächsten Jahr erhielt Friedrich Brosius 2 Pakete mit je 500 Exemplaren des „Offenen Brief“ und beteiligte sich an dessen reichsweiter Verbreitung am 20.06.1937. In dem Brief wurden schonungslos Einzelheiten über die Verfolgung enthüllt, indem Namen von Beamten, Zeitpunkte und Orte genannt wurden. Für diese Zeit berichten die Akten der Gestapo auch von weiteren religiösen Zusammenkünften: *„Die Vernehmungen haben ergeben, dass bei den Eheleuten Friedrich Brosius in Wermelskirchen seit längerer Zeit Leute ein- und ausgingen, die als Bibelforscher bekannt waren. Es ist auch schon vorgekommen, dass diese Leute die Nacht über in der Wohnung der Familie Brosius verblieben. Wiederholt ist gehört worden, dass die Versammelten Lieder religiösen Inhalts unter Begleitung eines Harmoniums gesungen haben.“*[71] Nach einer Zusammenkunft am 17.11.1937, wurde Friedrich Brosius am folgenden Tag mit seiner Frau Else und seinen beiden Brüdern erneut festgenommen. Das Amtsgericht Wermelskirchen verweigerte einen Haftbefehl, sodass drei der Festgenommenen entlassen wurden. Einer von ihnen, Hans Brosius floh daraufhin mit seiner Frau, einer holländischen Jüdin, im Februar 1938 nach Santiago de Chile, wo er bis zu seinem Tod im Jahr 1956 lebte.[72]

---

[65] Landesarchiv NRW Gerichte Rep. 114 Nr. 1223 S. 6

[66] Landesarchiv NRW Gerichte Rep. 114 Nr. 454

[67] Landesarchiv NRW Gerichte Rep. 114 Nr. 6855 S. 16 R

[68] Brief der Schuhfabrik Adolf Flöring GmbH, 30.10.1969 in Entschädigungsakte, Landesarchiv NRW BR 3008 Nr. 15063

[69] Landesarchiv NRW Gerichte Rep. 114 Nr. 453 und 454, sowie Gerichte Rep. 88 Nr. 607

[70] Landesarchiv NRW RW 0058/ 74013 S. 2

[71] Landesarchiv NRW RW 0058/ 74013 S. 11

[72] Stadtarchiv Leverkusen, Entschädigungsakte 4010-4944. Landesarchiv NRW Entschädigungsakte BR 3008

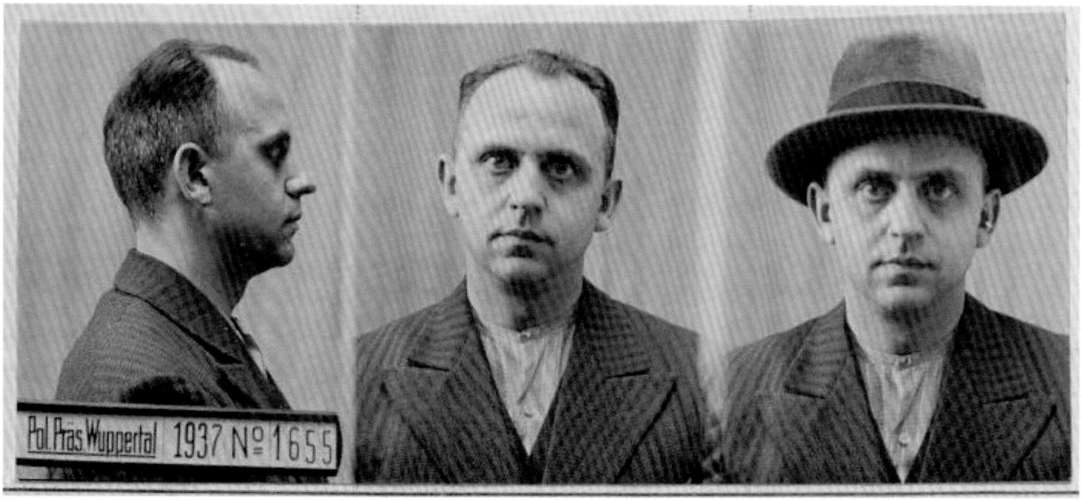

Häftlingsfotos von Friedrich Nathanael Brosius, aufgenommen 1937

Friedrich Brosius aber wurde nicht freigelassen, sondern am 20.11.1937 in Schutzhaft genommen und am 22.01.1938 in das Konzentrationslager Buchenwald eingeliefert, wo er die Häftlingsnummer 2071 erhielt und gleich in den Strafblock eingewiesen wurde. Keine zwei Wochen später wurde das laufende Verfahren gegen ihn eingestellt, doch Friedrich Brosius blieb im KZ. Ab 25.02.1938 befand er sich für einige Wochen im Gefängnis in Düsseldorf, wo er am 01. und 11.03.1938 zu seiner Rolle bei der Verbreitung illegaler Schriften der Zeugen Jehovas befragt wurde. Trotz der körperlichen Leiden und der Aussicht zurück ins KZ gebracht zu werden, blieb er seinem Glauben treu und weigerte sich, die Namen weiterer Beteiligter preiszugeben, wodurch diesen die Haft erspart blieb. Nachdem er am 04.04.1938 wieder nach Buchenwald gebracht wurde, hieß es am 07.05.1938 im polizeilichen Schlussbericht: *„Bei den übrigen beschuldigten Personen dürfte durch das hartnäckige Leugnen des Brosius eine strafbare Handlung nicht erwiesen sein, wenn sie auch dringend verdächtig sind“.*[73] Am 01.10.1938 wurde er zurück nach Düsseldorf gebracht und 10 Tage später zu einem Jahr Gefängnis verurteilt, wobei die bisherige Haft angerechnet wurde.

Bereits zuvor hatte seine Schwester, die seine religiöse Überzeugung nicht teilte, ein flehentliches Gnadengesuch „an den Herrn Reichsführer SS“ in Berlin eingereicht. Dies führte am 17.10.1938 zu einem weiteren Verhör. Dabei gab Friedrich Brosius zu Protokoll: *„Ich bin nach wie vor Zeuge Jehovas ... Meinen Glauben an Gott Jehova und an Jesus Christus als den Erlöser der Menschheit werde ich niemals und unter keinen Umständen preisgeben. [...] Offen gestanden [... bin] ich durch dauernden Verkehr mit den Glaubensbrüdern im K.Z.-Lager in meiner innersten Glaubensüberzeugung nur noch gefestigter geworden. [...] Ein Verräter an der heiligen Sache kann und werde ich nicht sein.“*[74]

Am 17.11.1938, dem Tag, an dem Friedrich Brosius seine Strafe verbüßt hatte, schrieb seine Frau Else Brosius einen bewegenden Brief an den Oberstaatsanwalt. *„[U]nser über alles geliebter Vater zweier blonden kleinen Mädchen, ist heute ein Jahr in Haft. [...] Die Freude auf das Wiederkommen meines Mannes und unseres Vaters ist unbeschreiblich groß. Nun das Entsetzliche, Enttäuschende: Unser lieber Vater wird von der Gestapo-*

Nr. 15063

[73]Landesarchiv NRW Gerichte Rep. 114 Nr. 1223 S. 43 R

[74]Landesarchiv NRW RW 0058/ 74013 S. 94, 115-118

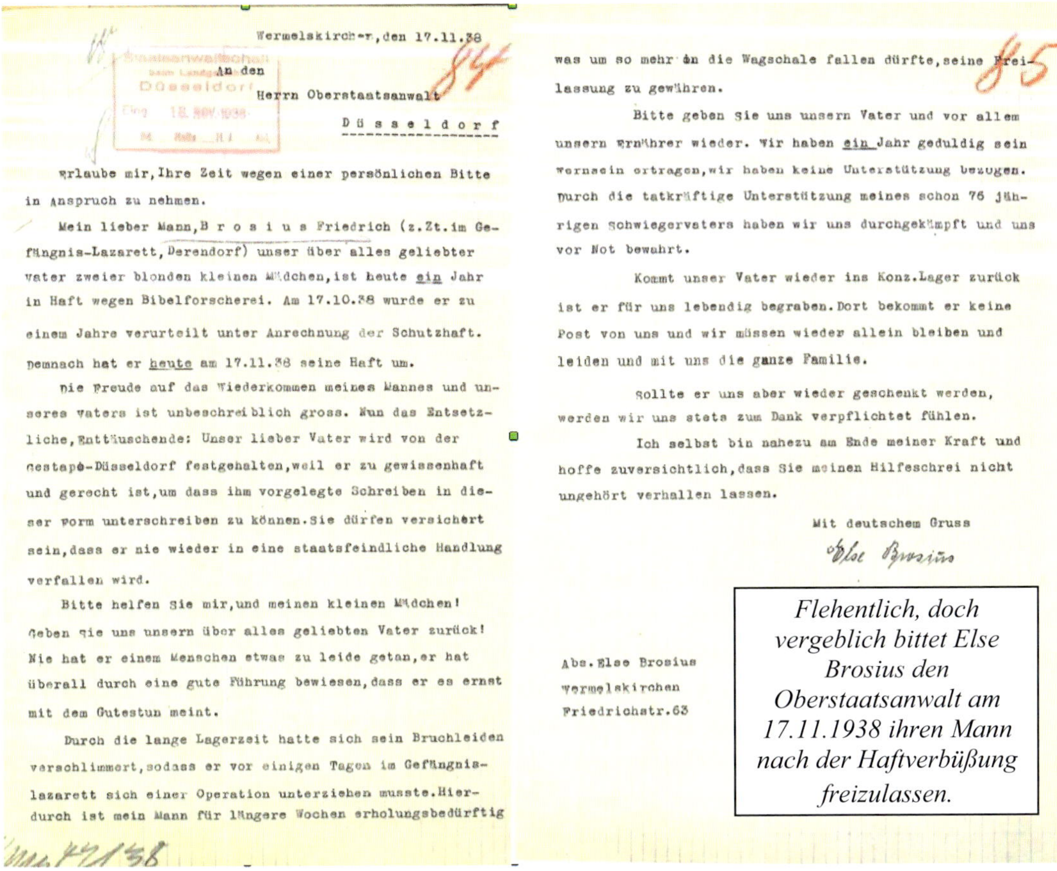

84

Wermelskirchen, den 17.11.38

Staatsanwaltschaft beim Landgericht Düsseldorf Eing. 18. NOV. 1938

An den

Herrn Oberstaatsanwalt

D ü s s e l d o r f

Erlaube mir, Ihre Zeit wegen einer persönlichen Bitte in Anspruch zu nehmen.

Mein lieber Mann, B r o s i u s Friedrich (z.Zt. im Gefängnis-Lazarett, Derendorf) unser über alles geliebter Vater zweier blonden kleinen Mädchen, ist heute ein Jahr in Haft wegen Bibelforscherei. Am 17.10.38 wurde er zu einem Jahre verurteilt unter Anrechnung der Schutzhaft. Demnach hat er heute am 17.11.38 seine Haft um.

Die Freude auf das Wiederkommen meines Mannes und unseres Vaters ist unbeschreiblich gross. Nun das Entsetzliche, Enttäuschende: Unser lieber Vater wird von der Gestapo-Düsseldorf festgehalten, weil er zu gewissenhaft und gerecht ist, um dass ihm vorgelegte Schreiben in dieser Form unterschreiben zu können. Sie dürfen versichert sein, dass er nie wieder in eine staatsfeindliche Handlung verfallen wird.

Bitte helfen Sie mir, und meinen kleinen Mädchen! Geben Sie uns unsern über alles geliebten Vater zurück! Nie hat er einem Menschen etwas zu leide getan, er hat überall durch eine gute Führung bewiesen, dass er es ernst mit dem Gutestun meint.

Durch die lange Lagerzeit hatte sich sein Bruchleiden verschlimmert, sodass er vor einigen Tagen im Gefängnislazarett sich einer Operation unterziehen musste. Hierdurch ist mein Mann für längere Wochen erholungsbedürftig

85

was um so mehr in die Wagschale fallen dürfte, seine Freilassung zu gewähren.

Bitte geben Sie uns unsern Vater und vor allem unsern Ernährer wieder. Wir haben ein Jahr geduldig sein Fernsein ertragen, wir haben keine Unterstützung bezogen. Durch die tatkräftige Unterstützung meines schon 76 jährigen Schwiegervaters haben wir uns durchgekämpft und uns vor Not bewahrt.

Kommt unser Vater wieder ins Konz.Lager zurück ist er für uns lebendig begraben. Dort bekommt er keine Post von uns und wir müssen wieder allein bleiben und leiden und mit uns die ganze Familie.

Sollte er uns aber wieder geschenkt werden, werden wir uns stets zum Dank verpflichtet fühlen.

Ich selbst bin nahezu am Ende meiner Kraft und hoffe zuversichtlich, dass Sie meinen Hilfeschrei nicht ungehört verhallen lassen.

Mit deutschem Gruss

Else Brosius

Abs. Else Brosius
Wermelskirchen
Friedrichstr. 63

Flehentlich, doch vergeblich bittet Else Brosius den Oberstaatsanwalt am 17.11.1938 ihren Mann nach der Haftverbüßung freizulassen.

Düsseldorf festgehalten. [...] Bitte helfen Sie mir, und meinen kleinen Mädchen! Geben Sie uns unseren über alles geliebten Vater zurück! Nie hat er einem Menschen etwas zu leide getan. [...] Durch die lange Lagerzeit hatte sich sein Bruchleiden verschlimmert, sodass er vor einigen Tagen im Gefängnislazarett sich einer Operation unterziehen musste. [...] Kommt unser Vater wieder in Konz.Lager zurück ist er für uns lebendig begraben. [...] Ich selbst bin nahezu am Ende meiner Kraft und hoffe zuversichtlich, dass Sie meinen Hilfeschrei nicht ungehört verhallen lassen.“[75] Dennoch wurde ihr Ehemann am 02.01.1939 erneut nach Buchenwald überstellt. Die Kommandantur des dortigen Konzentrationslagers schrieb am 17.04.1939: *„B., der als Bibelforscher hier einsitzt, hat seine Gesinnung noch nicht geändert, sondern gibt noch immer zu verstehen, daß er fest an seinen Glauben halten wird. B. ist einer der fanatischsten Bibelforscher, die hier im Lager einsitzen. Jegliche Belehrungen sind bei B. vollkommen zwecklos. Da einem so verbohrten Menschen nur durch eine lang anhaltende Schutzhaft zu helfen ist, lehne ich eine Entlassung unter allen Umständen ab.“*[76]

Als Strafmaßnahme durfte er nur einen monatlichen Brief mit maximal 25 Wörtern aus dem KZ schreiben. Neun Monate lang erhielt er völlige Postsperre. Darauf schrieb seine Frau am 13.12.1939 auf dem Briefpapier des Schuhhauses Brosius an den Lagerkommandanten: *„Es ist nun das dritte Mal, dass ich mit meinen beiden Mädchen Weihnachten allein feiere. Mein Aeltestes Mädchen bittet als Weihnachtsgeschenk einen Brief von ihrem über alles geliebten Vater. Bitte gestatten Sie meinem Mann, seinem*

---

[75]Landesarchiv NRW Gerichte Rep. 114 Nr. 1223 S. 84 f

[76]Landesarchiv NRW RW 0058/ 74013 S. 2, 123

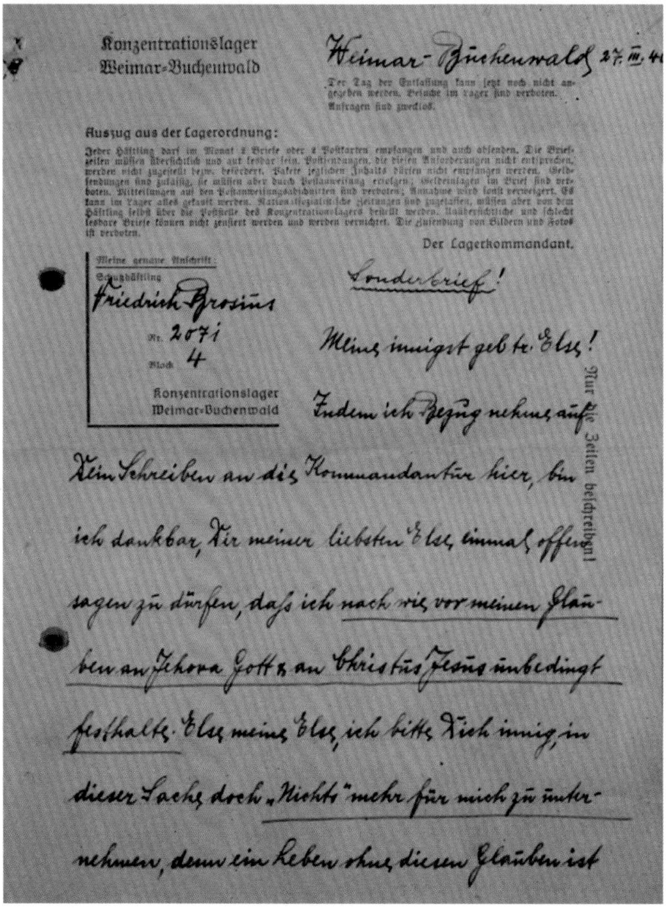
Konzentrationslager Weimar-Buchenwald

Weimar-Buchenwald 27.III.40

Der Tag der Entlassung kann jetzt noch nicht angegeben werden. Besuche im Lager sind verboten. Anfragen sind zwecklos.

Auszug aus der Lagerordnung:

Der Lagerkommandant.

Meine genaue Anschrift: Schutzhäftling Friedrich Brosius Nr. 2071 Block 4 Konzentrationslager Weimar-Buchenwald

Sonderbrief!

Meine innigst geliebte Else!

Indem ich Bezug nehme auf Dein Schreiben an die Kommandantur hier, bin ich dankbar, Dir meiner liebsten Else einmal offen sagen zu dürfen, daß ich nach wie vor meinen Glauben an Jehova Gott + an Christus Jesus unbedingt festhalte. Else meine Else, ich bitte Dich innig, in dieser Sache doch „Nichts" mehr für mich zu unternehmen, denn ein Leben ohne diesen Glauben ist

Nur die Zeilen beschreiben!

Am 27.03.1940 schreibt Friedrich Brosius seiner Frau Else aus dem KZ Buchenwald: „Ich [bin] dankbar, dir meiner liebsten Else einmal offen sagen zu dürfen, daß ich nach wie vor meinem Glauben an Jehova Gott + an Christus Jesus unbedingt festhalte."

Töchterlein Urselein einen Brief zu senden."[77] Eine Antwort findet sich in den Akten nicht. Spätestens seit August 1943 war Friedrich Brosius dann Arbeit in der Bekleidungskammer des KZ zugewiesen worden. In einem von ihm selbst verfassten Bericht berichtet er, dass er bei einer Größe von 1,80 m in Buchenwald aufgrund der unzureichenden Versorgung mit Nahrung – meist nur Steckrübensuppe – von 75 kg noch im Mai 1941 später auf 42 kg abmagerte: *„Geschlagen, gefesselt, getreten, gewürgt und mehrmals mit Gewehrkolben gegen die Brust gestoßen, daß ich wochenlang nicht durchatmen konnte, zeitweilig fast verhungert, habe ich mit vielen, vielen treuen Brüder[n] überleben dürfen."* [78] Kurz vor Kriegsende wurde das KZ Buchenwald befreit und er konnte dieses am 08.05.1945 verlassen. Zu diesem Zeitpunkt hatte er wegen seines Glaubens fast 8 Jahre in 14 verschiedenen Gefängnissen verbracht.[79]

Zurück in Wermelskirchen wurde seiner Familie von den Besatzungsbehörden zunächst als Unterkunft das Wohnhaus des ehemaligen Kreisleiters der NSDAP zugewiesen, der sich in britischer Gefangenschaft befand.[80] Friedrich Brosius organisierte sofort den Wiederaufbau der Gemeinden der Zeugen Jehovas in Wermelskirchen und den umliegenden Orten des Bergischen Landes. Bei vielen Nachkriegskongressen leitete er das Orchester. Als offizieller Bevollmächtigter der Watch Tower Bible and Tract Society,[81] sowie später von Jehovas Zeugen in Nordrhein-Westfalen stellte er Bescheinigungen für verschiedene Opfer der NS-Verfolgung aus, mit denen er vor seiner Verhaftung zusammengearbeitet hatte oder die er im KZ Buchenwald kennen gelernt hatte.[82] Vielen

[77] Korrespondenz Buchenwald 1.1.5.3 / 5617308, ITS Digital Archive, Arolsen Archives

[78] Eigenbericht Friedrich Brosius, S. 4, Jehovas Zeugen, Archiv Zentraleuropa

[79] In seinem Eigenbericht zählt Friedrich Brosius zusätzlich noch die Haftorte Haft in Bochum, Dortmund, Halle, Hannover, Kassel und Wuppertal auf – möglicherweise Stationen beim Transport von und nach Buchenwald.

[80] Landesarchiv NRW Entschädigungsakte BR 3008 Nr. 15063

[81] Rechtskörperschaft der Zeugen Jehovas, 1884 als Non-Profitorganisation in Pennsylvania, USA eingetragen.

[82] In den Entschädigungsakten des Stadtarchivs Leverkusen finden sich Bescheinigungen von ihm u. a. für Berta Franz, Leverkusen (30.675), Wilhelm Nollert, Dresden (4010-4867), Hugo Herminghaus, Radevormwald (4010-4895), Anna Schröder, Leverkusen (30.998), Friedrich Schütters, Opladen (4010-

Zeugen Jehovas aus den östlichen Teilen Deutschlands, die er u. a. im Konzentrationslager kennengelernt hatte, half er in Wermelskirchen eine neue Heimat zu finden. Obwohl er danach einen erfolgreichen Seifengroßhandel gründete, war er in der Region hauptsächlich für sein eifriges Predigen bekannt. Noch bis in die 1980er Jahre hörten Jehovas Zeugen bei ihren Hausbesuchen häufig, dass Leute sagten: „Zu uns kommt regelmäßig der Herr Brosius." Am 17.05.2002 wurde für Friedrich Brosius ein Stolperstein vor seinem ehemaligen Wohnhaus in Wermelskirchen, Wielstraße 16 verlegt, wo er seit 1948 wohnte.

Nachdem ihr Ehemann ermordet wurde, wird Martha Kottner verhaftet

Vom 27.-29.08.1927 fand im Berliner Sportpalast ein Kongress der Bibelforscher mit über 10.000 Anwesenden aus 7 Ländern statt.[83] Friedrich Brosius hatte diesen Kongress besucht und dort Hertha Elsa Kottner (1907-1989), genannt Else kennengelernt. Drei Jahre später zog Else nach Wermelskirchen und beide heirateten.[84] Im Jahr 1939, während ihr Mann bereits im KZ Buchenwald war, starb ihr Schwiegervater Otto Brosius. Die Nationalsozialisten beschlagnahmten das gut gehende Schuhhaus in der Grünen Straße 15 in Wermelskirchen, welches Friedrich Brosius von seinem Vater erben sollte. Damit war dessen Frau Else Brosius, sowie den beiden 3 und 7 Jahre alten Töchtern das Einkommen genommen. Wie ihre Töchter später übereinstimmend erzählten, versuchte die Polizei zu dieser Zeit einmal Else Brosius in der Wermelskirchener Straßenbahn zu verhaften. Dies wurde jedoch durch einen freundlichen Nachbarn, der NSDAP-Mitglied war und in der Straßenbahn laut rief, dass es sich bei ihr um eine rechtschaffene Frau handelt, verhindert.[85] Daraufhin entschloss sich Else Brosius 1940 mit den Kindern zurück zu ihren Eltern Gustav Hermann Kottner (1875-1941) und Martha Minna Kottner (1879-1969) nach Dresden zu ziehen, wo sie wieder in einem Schuhgeschäft Arbeit fand.

Martha Kottner wurde 1919 als Bibelforscherin getauft. Nachdem sie einem bedürftigen Glaubensbruder 1,87 Reichsmark gegeben hatte, wurde sie am 14.09.1937 verhaftet.[86] Die NS-Justiz wertete dies als Unterstützung der verbotenen Internationalen Bibelforschervereinigung. Am 04.01.1938 wurde sie vom Sondergericht Freiberg zu 5 Monaten Haft verurteilt, die sie bis zum 21.02.1938 verbüßte.[87]

Ihr Mann, der pensionierte Reichsbahnschaffner Gustav Kottner schmuggelte als Kurier u. a. Schallplattenvorträge und Matrizen von Publikationen der Zeugen Jehovas zu anderen Gläubigen. Bei der reichsweiten Verbreitung von 100.000 Flugblättern durch 3500 Zeugen Jehovas am 12.12.1936[88] verteilte er in Dresden 10 Flugblätter, in denen die Verfolgung von Jehovas Zeugen durch die „Hitlerregierung" angeprangert wurde. Bei einem Besuch seiner Kinder in Wermelskirchen im Sommer 1937 traf er sich mit Heinrich Dietschi, der damals im Untergrund die Tätigkeit der Zeugen Jehovas im Deutschen Reich koordinierte,

---

4856), Oskar Vierzigmann, Leverkusen (30.1049), Martha Wolf, Wermelskirchen (4010-4862) und Martha Wurmnest, Wermelskirchen (4010-4858).

[83]Wachtturm-Gesellschaft [Hg.], Das Goldene Zeitalter, 15.09.1927, S. 282 ff

[84]Eigenbericht Friedrich Brosius, S. 4, Jehovas Zeugen, Archiv Zentraleuropa

[85]Thomas Wintgen, Klaus-Dieter Buse, Timo Hilverkus, Armin Himmelrath, Robert Wehn, Wermelskirchen – Beiträge zu unsrer Geschichte – Menschen, Fakten, Akten (1933-1945), Bergischer Geschichtsverein Abteilung Wermelskirchen e.V. (Hrg.), 1998, Seite 68

[86]Sächsisches Staatsarchiv Dresden (SächsStA-D), 11430 Bezirkstag/Rat des Bezirkes Dresden, Akte Verfolgte des Nationalsozialismus (VdN) Nr. 04065

[87]Bundesarchiv Berlin-Lichterfelde, Akte R3017 / 32213, Bd. 7, S. 104

[88]Gerhard Besier / Katarzyna Stoklosa [Hgg], 2018, Jehovas Zeugen in Europa – Geschichte und Gegenwart Bd. 3 S. 178

vermittelte dadurch den Kontakt zur Untergrundorganisation in Dresden und organisierte zwei illegale Treffen leitender Zeugen Jehovas.

Am 16.11.1937 wurde er verhaftet. Im Gutachten vom 26.01.1938 wurde ihm aufgrund von „präseniler Demenz“ Haftunfähigkeit bescheinigt. Daraufhin wurde er am 03.02.1938 aus der Haft entlassen. Doch die Staatsanwaltschaft gab nicht auf und beantragte nun die Unterbringung in einer geschlossenen Heil- und Pflegeanstalt. Doch dies lehnte das Sondergericht Freiberg am 19.04.1938 ab. Stattdessen unterstellte es ihn der Aufsicht seiner zwei Söhne, die keine Zeugen Jehovas waren.[89] Doch bereits 1940 wurde er erneut verhaftet und misshandelt. In Dresden-Plauen sperrte man ihn in eine Wasserzelle ein, in der er im Winter längere Zeit im kalten Wasser stehen musste, welches ihm bis zum Hals reichte. Daraufhin zog er sich eine Lungenentzündung zu, an der er am 20.02.1941 verstarb.[90]

Auch seine Ehefrau Martha Kottner hatte sich an der Verbreitung des Flugblattes beteiligt. Sie wurde am 24.11.1943 erneut verhaftet, während sie auf ihre 7-jährige Enkelin aufpasste, deren Mutter Else Brosius sich gerade auf der Arbeit befand. Die Polizisten ließen das kleine Mädchen unbeaufsichtigt in der leeren Wohnung zurück. Martha Kottner wurde am 11.10.1943 in das Gefängnis München-Stadelheim eingeliefert. Da dieses bereits überfüllt war, wurde sie von dort am 23.12.1943 in das Gefängnis in Traunstein überführt.[91] Mit 202 weiteren Zeugen Jehovas wurde sie vom Oberreichsanwalt beim Volksgerichtshof des Hochverrats und der Wehrkraftzersetzung angeklagt.[92] Die Anklageschrift warf ihr vor, *„etwa 12 illegale Bibelforscherschriften zum Lesen“* erhalten zu haben. Ferner hieß es darin: *„Seit Frühjahr 1942 spendete sie für die illegale Organisation der IBV. etwa fünfmal Geldbeträge in Höhe von 1 – 1,50 RM.“*[93] Am 12.07.1944 wurde ihr Verfahren mit demjenigen von 34 weiteren Angeklagten abgetrennt.[94] Sie erwartete nach eigener Aussage in ein KZ gebracht zu werden[95] und verblieb bis zum 26.04.1945 in Haft,[96] ohne dass eine Verurteilung erfolgte.[97]

Am 13.02.1945 wurde Dresden ausgebombt. Eine Phosphorbombe schlug in das Schlafzimmer der Familie Brosius in der Klingenberger Straße 3 ein. Else und ihre Kinder überlebten, flohen in nasse Bettlaken gehüllt aus dem Flammenmeer und fanden bei ihrer Schwester Margarethe (Gretel) Seifert in Börnchen (heute ein Ortsteil von Glashütte) im Erzgebirge Unterkunft.[98] Deren Ehemann Karl Bruno Seifert (1898-1954) war bereits 1934 wegen seines Glaubens als Postbeamter entlassen worden. Am 19.02.1937 wurde er verhaftet und am 18.03.1937 wegen Wehrdienstverweigerung zu 8 Monaten Haft verurteilt,

---

[89] SächsStA-D, 11027 Sondergericht für das Land Sachsen, Freiberg (SG Freiberg), Karton 503, Kms/SG 98/38

[90] Erlebnisbericht seiner Tochter Ursula Vossiek (1932-2003) gezeigt in der Ausstellung "Hückeswagen, Radevormwald und Wermelskirchen im Nationalsozialismus 1933-45" im Wülfing-Museum vom 4.Juni bis 10. Juli 2005

[91] Brief des Staatsarchivs München vom 15.07.2021 an den Autor. Akte JVA München 5076

[92] SächsStA-D, 11430 Bezirkstag/Rat des Bezirkes Dresden, VdN 04065

[93] Bundesarchiv Berlin-Lichterfelde, Akte R3017 / 32213, Bd. 7, S. 104

[94] Bundesarchiv Berlin-Lichterfelde, Akte R3017 / 32213, Bd. 5, Bl. 38

[95] SächsStA-D, 11430 Bezirkstag/Rat des Bezirkes Dresden, VdN 04065, Bl. 11

[96] Die Haftzeit wurde unterbrochen vom 03.01.1944 – 22.06.1944 zum Zweck der Einlieferung ins Städtische Krankenhaus Traunstein wegen Gelenkrheumatismus und vom 03.12.1944 – 04.01.1945 wegen eines Hafturlaubs.

[97] Dieses Datum wird in ihrem VdN-Antrag genannt. Laut Alliiertenbefehl zur Erfassung von Verfolgten 2.1.1.1 / 70251786, ITS Digital Archive, Arolsen Archives musste sie sich noch bis zum 29.05.1945 in Traunstein aufhalten.

[98] Eigenbericht Friedrich Brosius, S. 5, Jehovas Zeugen, Archiv Zentraleuropa

die er bis zum 21.10.1937 in Torgau verbüßte.[99] (In der DDR wurde Bruno Seifert wegen seiner religiösen Überzeugung von der SED weiterhin verfolgt und am 15.03.1954 so schwer misshandelt, dass er noch am gleichen Tag in einem Dresdener Krankenhaus verstarb.)

Am 05.06.1945 pfiff jemand nachts draußen in Börnchen ein Lied der Zeugen Jehovas. Es war Friedrich Brosius, der noch in der Häftlingskleidung des KZ auf einem LKW zu seiner Familie zurückgekehrt war. Bald ging es zurück nach Wermelskirchen. Auf dem Rückweg zeigte er seiner Familie noch das KZ-Buchenwald, in dem er mehr als 7 Jahre gelitten hatte.

Seine Schwiegermutter Martha Kottner wurde unterdessen am 10.09.1945 als „Opfer des Faschismus" (OdF) mit Ausweis Nr. 17.114 offiziell anerkannt. Durch die Haft war die Gesundheit der 66-jährigen stark angegriffen. Daher genehmigte das Landratsamt Dippoldiswalde ihr ab dem 14.11.1946 eine vierwöchige Erholung im OdF-Heim in Waldbärenburg. Mit 70 Jahren erhielt sie dann am 25.04.1950 die Aufforderung, dem Prüfungsausschuss schriftlich zu bestätigen, dass sie bereit sei *„für den demokratischen Aufbau ... im Rahmen der Nationalen Front des demokratischen Deutschlands mitzuarbeiten"*. Nachdem sie aufgrund ihrer politischen Neutralität in drei verschiedenen Städten inhaftiert war, sollte sie nun also ihren neutralen Stand aufgeben, um den Opferstatus zu behalten. Als sie vier Monate später bei ihren Kindern in Wermelskirchen zu Besuch war, wurden Jehovas Zeugen in der DDR erneut verboten. Martha Kottner entschloss sich daher nie mehr in ihre Heimat zurückzukehren und blieb bis zu ihrem Tod im 90. Lebensjahr ein aktives Mitglied von Jehovas Zeugen in Wermelskirchen.

Elfriede Emma Hupperts – eine Mutter wird von ihren Töchtern getrennt

Als Hausangestellte war die 1903 als niederländische Staatsangehörige geborene Elfriede Emma Gesink im Haushalt von Otto und Mathilde Brosius tätig, die zu den ersten Bibelforschern in Wermelskirchen gehörten. Elfriede bekannte sich, wie auch einige ihrer Geschwister, seit 1924 ebenfalls zu den Bibelforschern. Ein Sohn ihres Arbeitgebers, Hans Brosius war zu jener Zeit zusammen mit dem aus Solingen-Wald stammenden Heinrich Johann Hupperts (1888-1956) [100] im deutschen Zweigbüro der Zeugen Jehovas in Magdeburg tätig.

1929 heirateten Elfriede und Heinrich Hupperts. Doch schon am 15.09.1934 verlor Heinrich wegen seiner Tätigkeit als Zeuge Jehovas bei der Licht und Kraftwerk GmbH in Remscheid seine Stellung als Elektro-Maschinist. Schließlich wurde er am 20.02.1937 verhaftet und in Dortmund eingesperrt. Am 10.06.1937 wurde er vom Sondergericht in Hamm zu 7 Monaten Haft verurteilt, die er bis zum 22.09.1937 im Straflager Börgermoor bei Schwerstarbeit ableistete.[101]

Auch die Geschwister von Elfriede Hupperts wurden bereits früh verhaftet. Johanne Henriette Gesink (1892-1945) und Heinrich Christiaan Gesink (1906-1989) waren seit August 1935 in Remscheid in Haft und wurden als niederländische Staatsangehörige in die Niederlande abgeschoben. Nach der deutschen Besetzung der Niederlande wurden sie am 20.03.1941 in Rotterdam erneut inhaftiert. Während Heinrich das KZ Sachsenhausen überlebte, wurde Johanne nacheinander in die KZs Ravensbrück, Sachsenhausen, Auschwitz (Häftlingsnummer 8339) und Bergen-Belsen gebracht, wo sie wenige Monate

---

[99] SächsStA-D, 11430 Bezirkstag/Rat des Bezirkes Dresden, VdN 04065

[100] Heiratsurkunde ME-H-69/1929, Standesamt Mettmann. Sterbebucheintrag 1956.1165, Blatt A2-092, Stadtarchiv Rotterdam (NL)

[101] Jehovas Zeugen, Archiv Zentraleuropa

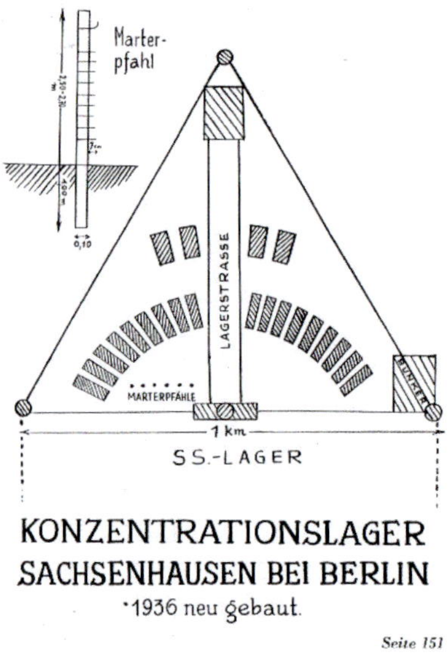

Johanne und Heinrich, zwei Geschwister von Elfriede Hupperts litten im KZ Sachsenhausen – Zeichnung aus einem Buch von Jehovas Zeugen 1937

vor Kriegsende umkam. Ein Stolperstein in Mettmann, Römerstraße 18 erinnert an sie. [102] Auch ihr Bruder Gerhard Theodor (1901-1973) war zwischen 1940 und 1945 an mindestens 7 Orten inhaftiert. Danach wurde er mit anderen Häftlingen in einen Zug gepfercht, der sie an die Ostsee bringen sollte, wo die Häftlinge auf Schiffen versenkt werden sollten, doch es gelang ihm in der Lüneburger Heide vom fahrenden Zug zu springen und so sein Leben zu retten.[103]

Die Verfolgung ihres Mannes und ihrer Geschwister hielt Elfriede Hupperts jedoch nicht davon ab, sich weiterhin als Zeugin Jehovas zu betätigen. Die Anklage warf ihr vor, von der bereits zum Tode verurteilten Mathilde Hengeveld 1943 mehrfach „jeweils drei Wachttürme, drei Mitteilungsblätter und drei Briefe von Schutzhäftlingen" erhalten zu haben. [104] Elfriede Hupperts wurde daher am 02.06.1944 in Wermelskirchen verhaftet, wobei sie ihre 7 und 13 Jahre alten Töchter zurücklassen musste. Vier Tage später wurde sie ins Gefängnis nach Remscheid (Häftlings-Nr. 88) gebracht. Dort konnten ihr Mann und ihre Schwestern sie mehrmals besuchen. Am 06.09.1944 beantragte der Generalstaatsanwalt die inzwischen zum Tode verurteilte Mathilde Hengeveld zum Gerichtstermin in Hamm vorzuladen, wo sie am 09.12.1944 eintraf. [105] Auch Elfriede Hupperts wurde am 30.11.1944 in das Gerichtsgefängnis Hamm (Häftlings-Nr. 503) verlegt, wo sie am 15.12.1944 wegen Wehrkraftzersetzung zu 39 Monaten Haft verurteilt wurde.[106] Drei Tage nach ihrer Verurteilung wurde sie

Familie Gesink vor der Verfolgung durch die NS: Oben (von links): Theodor, Wilhelmine, Arnold, Johanne, Johannes und Heinrich. Unten: Mathilde, Mutter Wilhelmine und Elfriede (später Hupperts). Von den acht Geschwistern wurden vier inhaftiert, zwei davon in KZs. Johanne überlebte dies nicht.

[102] Hildegard Jakobs, Angela Genger, Andrea Kramp, 2012, Stolpersteine: Erinnerungen an Menschen aus Düsseldorf, Erkrath, Langenfeld, Mettmann, Monheim und Ratingen, S. 212

[103] Telefoninterview des Autors mit dessen Sohn Erhard Helmut Gesink am 17.01.2022

[104] Bundesarchiv Berlin-Lichterfelde, Akte R3017 / 32535, Bl. 8

[105] Bundesarchiv Berlin-Lichterfelde, Akte R3017 / 32535, Bl. 7

[106] Thomas Wintgen, Klaus-Dieter Buse, Timo Hilverkus, Armin Himmelrath, Robert Wehn, Wermelskirchen – Beiträge zu unsrer Geschichte – Menschen, Fakten, Akten (1933-1945), Bergischer Geschichtsverein Abteilung Wermelskirchen e.V. (Hrg.), 1998, Seite 65

zunächst nach Berlin (Häftlings-Nr. 3486) verlegt.[107] Mathilde Hengeveld begleitete sie auf dem gleichen Transport und wurde am 12.01.1945 in Berlin-Plötzensee enthauptet.[108]

Am 05.01.1945 wurde Elfriede Hupperts in das Zuchthaus Cottbus (Häftlings-Nr. 1849) überführt. Am gleichen Tag starb ihre 13-jährige Tochter Hanna Lydia an Diphtherie.[109] Elfriede Hupperts durfte mit gefesselten Händen an der Beerdigung teilnehmen. Sie litt noch lange daran, dass sie ihrer Tochter in der Zeit ihrer Krankheit nicht beistehen konnte. Schließlich wurde Elfriede Hupperts am 11.02.1945 nach Leipzig-Kleinmeusdorf (Häftlings-Nr. 2073) überstellt, wo sie bis zum 11.05.1945 in Haft blieb.[110] Nach ihrer Entlassung kehrte sie nach Wermelskirchen in die Grüne Straße 65 zurück und blieb bis zu ihrem Tod im Jahr 1992 aktiv mit der Gemeinde der Zeugen Jehovas verbunden.

Gertrud Hartmann – Gedichte über 102 Monate in drei Frauenkonzentrationslagern

Die 1906 geborene Frieda Gertrud Drechsler wuchs bei Pflegeeltern auf und erlernte das Friseurhandwerk. Sie ließ sich am 07.12.1928 als Zeugin Jehovas taufen. Am 22.01.1931 heiratete sie Wilhelm Nollert (geb. 1895), der ihren Glauben teilte und bereits mit 8 Jahren beide Eltern verloren hatte. 1935 wurde er in seinem Betrieb entlassen, da er den Gruß „Heil Hitler", sowie Ehrenbekundungen bei Betriebsappellen verweigerte. Nach nur fünf Jahren Ehe wurde das Ehepaar getrennt. Gertrud wurde am 30.12.1936 wegen des Bezugs illegaler Schriften der Zeugen Jehovas, sowie der Weiterleitung von 10,- Reichsmark zur Unterstützung verfolgter Bibelforscher verhaftet. Die Gelder sollten Bibelforschern zugutekommen, denen der Staat die Berufsausübung unmöglich gemacht hatte oder denen die staatliche Unterstützung gestrichen wurde und denen dadurch die Mittel zum Nahrungserwerb fehlten. Acht Tage später wurde auch ihr Mann verhaftet und am 26.02.1937 wurden beide zu 10 Monaten Zuchthaus verurteilt, die Gertrud in Freiberg verbringen musste.[111] Am Tag ihrer vermeintlichen Entlassung wurde ein Schutzhaftbefehl mit folgender Begründung ausgestellt: *„Die N[ollert] hat sich trotz des Verbotes für die Ernsten Bibelforscher betätigt und ist aus diesem Grunde gerichtlich bestraft worden. Es besteht der dringende Verdacht, dass sie sich auch weiterhin für diese Organisation betätigt und damit – wie bereits bisher – die öffentliche Ordnung und Sicherheit unmittelbar gefährdet."*[112] Gertrud Nollert sollte ihren Mann niemals wiedersehen.

Frieda Gertrud Hartmann, verwitwete Nollert, nach ihrer Freilassung aus drei verschiedenen Konzentrationslagern

---

[107] Unterlagen Gerichtsgefängnis Hamm, 1.2.2.1 / 12047519, ITS Digital Archive, Arolsen Archives.

[108] Gefangenenbuch Frauenstrafgefängnis Berlin, 1.2.2.1 / 10010188 ITS Digital Archive, Arolsen Archives

[109] Sterbeurkunde 34/1945, Historisches Archiv Remscheid

[110] Strafanstalt Leipzig-Kleinmeusdorf Akte 20034 Nr. 361, Sächsisches Staatsarchiv Leipzig

[111] Sächsisches Staatsarchiv Dresden (SächsStA-D), 11027 SG Freiberg, Karton 379, Kms/SG 79/37, Bl. 72

[112] Stadtarchiv Leverkusen, Entschädigungsakte 4010-4867 S. 9

Am 25.11.1937 traf sie in Moringen ein, einem Frauenkonzentrationslager nördlich von Göttingen. Aufgrund einer reichsweiten Verhaftungswelle stieg der Anteil der Zeuginnen Jehovas in diesem KZ von 17 % im Juni 1937 auf 89 % im Dezember 1937.[113] Gertrud Nollert erhielt die Häftlingsnummer 342, die sie auch in den nachfolgenden beiden Konzentrationslagern behielt. Um das Frauen-KZ Moringen aufzulösen, wurden die 500 Frauen in den folgenden Monaten mit drei Sonderzugtransporten in das neue Frauenkonzentrationslager Lichtenburg an der Elbe verlegt.

Am 21.02.1938 traf Gertrud Nollert mit einem Transport von 150 Häftlingen, darunter 148 Zeuginnen Jehovas im KZ Lichtenburg ein.[114] Der Ortswechsel bedeutete zugleich auch härtere Arbeitsbedingungen und schärfere Strafmaßnahmen. Bei Durchsuchungen demütigte man die Frauen durch Leibesvisitationen, für die sie sich vor den Aufseherinnen und dem männlichen Lagerpersonal nackt ausziehen mussten. Im Nachlass von Gertrud Hartmann verwitwete Nollert finden sich folgende handschriftliche Zeilen dazu:

„Aufgestellt und nicht geziert, auf zur Wachparade,
Nacheinander reinmarschiert, Ordnung herrscht im Staate!
Welch ein Schreck, was geht hier vor? Kleiderbügel liegen
auf der Erde und davor Hemdenmalze wiegen.
Und mit Amtesmiene wichtig steht die Aufsicht stark beschäftigt,
jedes Kleidungsstück wird richtig durchgesehen, mit Spott bekräftigt.
Doch die bösen Schutzhäftlinge, ob sie jung sind oder alt,
lächeln über diese Dinge, wenn Kommando laut erschallt.
Auch das Hemde muß herunter, Durchsuchung ist ein hartes Wort,
und das Bild wird immer bunter, selbst die Haare fallen dort.
Mit den Kleiderbügeln voll und schwer behangen,
und wo noch ein Plätzchen frei, da wird hingegangen.
Als wir wieder angezogen, suchen sie in Schränken und Betten,
jedes Zettelchen und Bogen zogen sie aus dunklen Stätten.
Eine Bibel schön und groß, haben sie gefunden,
diese Sünde, denkt euch bloß, kostet viele Arbeitsstunden.
Doch nun ist der Tag vorbei, ruhig ward es wieder,
Gottes Volk bald wird es frei, singt Jehova Lobeslieder.
Es läßt sich vom Feind nicht schrecken, mag er wüten, mag er toben.
Nie wird es die Waffen strecken, fester Glaube blickt nach oben."[115]

Unter Berufung auf Jesus Worte im Matthäusevangelium 23,10 (Fn.): „Lasst euch nicht Führer nennen, denn einer ist euer Führer, der Christus", betrachteten die Zeugen Jehovas den Führerkult als Götzendienst. Daher weigerte sich Gertrud Nollert im Hof des KZ Lichtenburg eine Führerrede im Radio anzuhören. Die SS-Wachmannschaften spritzten darauf eiskaltes Wasser aus Schläuchen auf die Frauen in ihrem Schlafsaal und trieben sie damit, sowie mit Fußtritten auf den Hof hinaus, wo Gertrud Nollert stundenlang in der Oktoberkälte in nasser Kleidung stehen musste, was ihre Gesundheit dauerhaft beeinträchtigte. Anschließend wurde sie zusammen mit anderen Zeuginnen Jehovas mit drei Wochen verschärftem Arrest bei verkürzten Essensrationen, sowie viermonatiger Postsperre bestraft.[116]

---

[113] Hans Hesse / Jürgen Harder, 2001, Und wenn ich lebenslang in einem KZ bleiben müsste ..., S. 41

[114] KZ Moringen, Verlegungsliste 21.03.1938, 1.1.28.1 / 3128730 ITS Digital Archive, Arolsen Archives

[115] Jehovas Zeugen Archiv Zentraleuropa, Selters (Taunus)

[116] Hans Hesse, 2000, Das Frauen-KZ Moringen 1933-1938, Seite 121. Hans Hesse / Jürgen Harder, 2001, Und wenn ich lebenslang in einem KZ bleiben müsste ..., S. 105, 106

Bis April 1939 stieg die Zahl der Häftlinge auf 1065, davon 387 Zeuginnen Jehovas an.[117] Da auch die Lichtenburg nicht erweitert werden konnte, wurden die Frauen im folgenden Monat in das neu errichtete Frauen-KZ Ravensbrück überführt. Auch in diesem Barackenlager am Ufer des Schwedtsee bildeten die Zeuginnen Jehovas noch bis Ende 1939 die größte Häftlingsgruppe. Danach wurden mehr Frauen aus Polen, der Sowjetunion und anderen Ländern eingeliefert. Bis zur Befreiung durch die Rote Armee im April 1945 wurden ca. 20.000 bis 30.000 Frauen ermordet. Am 15.05.1939 traf Gertrud Nollert in Ravensbrück ein. Ein handschriftliches Gedicht beschreibt ihre Eindrücke der oft sinnlosen Appelle und Arbeiten:

„In dieser Siedlung hier wohnt das Grauen;
da kann man durch sämtliche Fenster schauen.
Hier heißt es immer „Müssen" und „Flitzen"!
Nie darf man einmal in Ruhe sitzen.
Des Morgens halb fünf stehen wir auf,
beginnen hastend des Tages Lauf.
Das Betten machen bringt viel Not,
da werden vor Eifer die Wangen rot.
Die Betten müssen nach Vorschrift sein,
sonst bringt das eine Meldung ein.
Halbsechs Uhr gehen wir zum Zählappell.
Weh, wenn da eine ist nicht zur Stell´!
Um sechs Uhr heißt es: Zur Arbeit marschieren,
in Kolonnen an der Aufsicht vorbei defilieren.

Die einen gehen Steine schlagen,
die anderen Kübel und Wasser tragen.
Sand wird gefahren, geschrubbt und gescheuert,
hier niedergerissen und dort erneuert.
Schwere Karren müssen wir schieben,
die Füße sind uns wund gerieben.
Die Arme können es kaum ertragen,
doch die Zähne zusammen beißen und nicht klagen.
Straßen müssen wir Frauen bauen,
mit schweren Hämmern die Steine zerhauen,
Kanäle schachten und Rohre schleppen.
Über Sand und Steine endlose Ketten.
Ziegel werfen Wochen um Wochen.
Die Finger sind blutig, zerschunden, zerstochen.

Wir blicken kaum auf. Die Aufseherin schreit:
„Ihr faulen Weiber nehmt euch viel Zeit!"
Dann gähnt sie mit ausdruckslosem Gesicht
und weiß nicht, wie dumm, wie dämlich sie ist. [...]
Wir halten aus in Jehovas Kraft,
die immer wieder Ruhe schafft.
Jehova verwandelt in Freude die Pein.
Sein Sieg wird auch der unsere sein.
Dann wird die böse Siedlung am See
verschwinden mit ihrem Herzeleid und Weh!"[118]

[117] Hans Hesse / Jürgen Harder, 2001, Und wenn ich lebenslang in einem KZ bleiben müsste ..., S. 95
[118] Jehovas Zeugen Archiv Zentraleuropa, Selters (Taunus)

Nach Beginn des 2. Weltkriegs kam es am 19.12.1939 zur schlimmsten Machtdemonstration der SS: Die Zeuginnen Jehovas wurden aufgefordert Beutel für die Soldaten im Krieg zu nähen. Getreu den Bibelworten „sie werden den Krieg nicht mehr lernen“ (Jesaja 2,4) und „alle, die das Schwert nehmen, werden durchs Schwert umkommen“ (Matthäus 26,52), weigerten sich Gertrud Nollert und 400 andere Frauen irgendeine Tätigkeit zur Unterstützung des Krieges zu verrichten. Frierend und hungernd mussten sie 5 Tage lang 7 Stunden in der Kälte stehen, um anschließend in den Dunkelarrest gesperrt zu werden. Während der drei Weihnachtsfeiertage erhielten sie keinerlei Nahrung. [119] Kurz darauf besuchte der Reichsführer-SS Heinrich Himmler persönlich die Zeuginnen Jehovas, um sich über den Erfolg der Strafmaßnahmen zu informieren. Auch diese Erlebnisse wurden in einem Gedicht verarbeitet:

Wir gingen zur Arbeit wie jeden Tag,
nicht wissend, dass Schweres vor uns lag.
Wohl haben sie immer davon gesprochen:
„Euch wird der Starrsinn schon noch gebrochen!“
Schlecht war die Behandlung, kaltschnäuzig der Ton.
Sie haßten uns alle mit Spott und Hohn.
Sie suchten uns zugrunde zu richten,
die Zeugen Jehovas zu vernichten!
Kriegsartikel sollten wir nähen
und so das Gebot Jehovas verschmähen:
„Liebe Jehova, den Höchsten, allein
und deinen Nächsten selbstlos und rein!“
Was geht uns darum der Krieg draußen an?

Mögen sie kämpfen, Mann gegen Mann,
alle, die sich dem Teufel verschrieben,
der sie in diesen Wahnsinn getrieben.
Wir werden die Hände uns nicht beflecken,
durch Kriegsarbeit nicht mit Schuld bedecken!
„Wer verweigert die Arbeit?“, der Direktor fragt an.
„Der trete zur Seite!“ Der Kampf begann!
Drei nur von vierhundert Frauen
konnten den Schachzug nicht durchschauen.
Die anderen gingen mit klarem Blick
hinein in den Kampf. Es gab kein zurück.
Denn der Kampf ist Jehovas, der Sieg ist sein.
Wir kämpfen freudig in seinen Reih´n.

Bei Kostentzug wir mußten Strafe stehen;
durften sieben Stunden nicht vom Platze gehen.
Das ging so fünf Tage lang;
uns war um die Kranken und Schwachen bang.
Die Aufseherinnen höhnten mit häßlichem Spott
über uns und unseren großen Gott.
Wir wurden in Dunkelzellen gebracht,
ohne Decke. Ohne Heizung. Kalt war die Nacht.

---

[119] Stadtarchiv Leverkusen, Entschädigungsakte 4010-4867 S. 1 f

Wir haben zu acht am Boden gelegen
und konnten die Glieder kaum bewegen.
Drei Tage mußten wir völlig hungern,
in Dreck und Kälte am Boden lungern.
Dann mußten bei Wasser und Brot wir sein.
Es kam kein Licht und wenig Luft herein.
Wir fühlten uns alle matt und krank;
wir magerten ab und wurden schlank.
Drei Wochen trugen wir diese Lasten;
es war ein stilles, ernstes Fasten.

Da kam Herr Himmler mit seinem Stab
in unser offenes, düsteres Grab.
Da konnte er mit eigenen Augen schauen,
uns schwache, abgemagerte Frauen.
Unsere Augen hielten dem Licht nicht mehr stand;
wir wankten und faßten uns stumm bei der Hand.
Er nannte uns „Du“, kalt war sein Ton,
gemischt mit Spott und beißendem Hohn:
„Kriegsarbeit verweigert ihr?
So seid mit Recht ihr alle hier!
Im Himmel mag euer Jehova sein,
aber auf Erden regieren wir allein!“
Und hörten ihn hochmütig sprechen:
„Das wird euch das Genicke Brechen!““[120]

Nach drei Wochen Dunkelarrest im Bunker kehrte Gertrud Nollert mit den anderen Zeuginnen Jehovas in die von innen völlig vereisten Baracken zurück. Bei minus 30 Grad mussten die Frauen mit leichter Kleidung bei halbierten Essensrationen Schnee räumen und Ziegelsteine abladen. Die Aufseher bezeichneten die Frauen als Friedhofskolonne. Sie waren nur noch Haut und Knochen, aßen Unkraut und Sägespäne. Gertrud Nollert hatte in dieser Zeit mehr als 22 kg verloren.[121] In ihrer Gedichtsammlung heißt es dazu:

Wir mußten bei Eis und Schnee hinaus;
wir zogen mit Pickel und Schaufel aus.
Der Hunger war unser steter Gast,
doch wir trugen geduldig auch diese Last.
Des Nachts floh uns vor Kälte der Schlaf.
Kälte den Hunger noch übertraf.
Im Tagesraum preßten wir Rücken an Rücken.
Die Kälte pfiff durch alle Lücken.
Wochenlang lagen aus dickem Eis
die schönsten Bilder auf Fenstern weiß.
Den Atem konnte man fliegen sehen;
wir glaubten, wir müßten vor Kälte vergehen.[122]

Im August 1942 besserte sich die Lage für Gertrud Nollert. Mit zunächst 10 Zeuginnen Jehovas wurde sie auf das 20 km entfernte Landgut Hartzwalde abkommandiert, wo die Frauen in Zivilkleidung bei besserer Versorgung arbeiteten. Später wurde ihre Zahl auf 30

---

[120] Jehovas Zeugen Archiv Zentraleuropa, Selters (Taunus)

[121] Stadtarchiv Leverkusen, Entschädigungsakte 4010-4867 S. 56 ff

[122] Jehovas Zeugen Archiv Zentraleuropa, Selters (Taunus)

Gertrud Nollert musste mit 30 anderen Zeuginnen Jehovas auf Gut Hartzwalde arbeiten. Das Gut gehörte Felix Kersten (rechts), der hier mit seiner Ehefrau Irmgard (links) General Erhard Milch empfängt, der in den Nürnberger Prozessen 1947 zu lebenslanger Haft verurteilt wurde.

Frauen erhöht. Das Gut entwickelte sich zu einem Zentrum der Untergrundtätigkeit, da von hier Schriften von Jehovas Zeugen aus Schweden in die Konzentrationslager und auch zu anderen noch in Freiheit lebenden Zeugen Jehovas geschmuggelt wurden. Das Landgut gehörte dem finnischen Staatsbürger Felix Kersten, dem Leibarzt Heinrich Himmlers. Dieser schrieb in einem als „Geheim!" eingestuftem Brief datiert vom 06.01.1943 an SS-Obergruppenführer Oswald Pohl und Gestapochef Heinrich Müller: *„Mir wurde von Fr Kersten ein sehr guter Vorschlag gemacht. Sie sagte mir, dass sie noch nie so gutes, williges, treues und gehorsames Arbeitspersonal hatte wie diese 10 Frauen. [...] Ich ersuche, den Einsatz der Bibelforscher und Bibelforscherinnen in der Richtung zu lenken, dass sie alle in Arbeiten kommen – in der Landwirtschaft z. B. - bei denen sie mit Krieg und allen ihren Tollpunkten nichts zu tun haben. Hierbei kann man sie bei richtigem Einsatz ohne Aufsicht lassen; sie werden nie weglaufen. Man kann ihnen selbständige Aufträge geben; sie werden die besten Verwalter und Arbeiter sein. [...] Nehmen wir doch die Bibelforscherinnen als Personal in unsere Lebensbornheime, nicht als Pflegerinnen, aber als Köchinnen, Hausmädchen, Wäscherinnen."*[123] Der Brief fiel den Zeuginnen Jehovas in die Hände. Eine handschriftliche Abschrift fand sich später im Nachlass von Gertrud Hartmann.

Unterdessen wurde ihr Mann, Wilhelm Nollert, am 01.04.1937 in das Gefängnis Leipzig (Kleinmeusdorf) verlegt. [124] Nach Verbüßung seiner offiziellen Haft, wurde er am 18.11.1937 in das KZ Buchenwald gebracht, wo er als Häftling Nr. 443 in der Strumpfstopferei arbeiten musste.[125] Am 06.07.1942 wurde er nach Dachau überführt, wo er die Häftlingsnummer 31087 erhielt. Am 04.03.1945 schrieb seine Frau an das Konzentrationslager in Dachau: *„Da ich schon lange von meinem Mann Wilhelm Nollert [...] keine Nachricht bekommen habe, und vor einiger Zeit ein Paket zurück kam, bitte ich die Lager-Verwaltung umgehend mir Bescheid zu kommen zu lassen."* Zwei Tage später wurde in Lublin-Majdanek folgendes Antwortschreiben verfasst: *„Die Kommandantur des Konzentrationslagers teilt mit, dass Ihr Mann laut ärztlicher Feststellung am 2.3.1944 an Fleckfieber verstorben ist."*[126] Erst jetzt erfuhr sie, dass ihr Ehemann bereits am 03.01.1944 in das Vernichtungslager im polnischen Majdanek gebracht wurde.[127] Im Ersten Weltkrieg hatte er noch für Deutschland gekämpft und war in Dünaburg (heute Daugavpils, Lettland)

[123]Abdruck des Briefs in Hans Hesse / Jürgen Harder, 2001, Und wenn ich lebenslang in einem KZ bleiben müsste ..., S. 71 f

[124]SächsStA-D, 11027 SG Freiberg, Karton 379, Kms/SG 79/37, Bl. 65

[125]KZ Buchenwald, 1.1.5.3 / 1735205, 6720255, ITS Digital Archive, Arolsen Archives

[126]Briefe, KZ Majdanek, 16.03.1944 an Elise Nollert und 05.04.1944 an Gertrud Nollert (Stadtarchiv Leverkusen, Entschädigungsakte 4010-4867, S. 26, 44 f.)

[127]Transportliste nach K.L. Lublin, Dachau, 03.01.1944 (1.1.6.1./9913840, 9913846, ITS Digital Archive, Arolsen Archives); Geldverwaltungskarte, Dachau (1.1.6.2./102222762, ITS); Stadtarchiv Leverkusen, Entschädigungsakte 4010-4867 S. 26 R

verschüttet worden.[128] Als Kriegsinvalide wurde er nun als „nicht mehr arbeitsfähig“ ausgesondert. Seine Witwe zweifelte die offizielle Todesursache zeitlebens an und vermutete, dass der 49-jährige an medizinischen Experimenten verstarb.

Wilhelm Nollert wurde als Invalide ins Vernichtungslager Majdanek gesandt, wo er starb

Die Haftbedingungen hatten bei Gertrud Nollert zu schweren gesundheitlichen Schäden geführt, sodass sie vom 08.08.-02.09.1944 im Krankenhaus Neuruppin operiert werden musste.[129] Am 05.01.1945 erreichte sie ein weiteres Telegramm: *„Mutter verstorben. 4. Januar“*. Sie hatte nun keine Verwandten mehr. Vom Gut Hartzwalde aus wurde ihr zwei Tage später die Fahrt nach Dresden zur Bestattung ihrer Mutter genehmigt.[130] Nach ihrer Rückkehr musste sie bis April 1945 auf Gut Comthurey arbeiten, dass Oswald Pohl gehörte, einem 1951 als NS-Kriegsverbrecher hingerichteten Angeklagten der Nürnberger Prozesse. Nachdem das Gut in Flammen aufgegangen war, musste Gertrud Nollert wieder in Hartzwalde arbeiten. Bereits am 03.05.1945 hatten 230 überlebende Zeugen Jehovas des Todesmarsches in einem Wald bei Schwerin eine Resolution verfasst, in der sie ihrem Gott für die Rettung dankten und ihm die Treue schworen. Am 08.07.1945 erreichte diese Resolution die 60 Gläubigen auf Gut Hartzwalde und Gertrud Nollert setzte ihre Unterschrift darunter. Vier Tage später war sie frei.

Vergeblich versuchte sie in den nächsten Jahren in Dresden Fuß zu fassen. Mit einer Freundin wollte sie ein Friseurgeschäft aufmachen. Doch dies scheiterte daran, dass sie die 200,- Mark für die Meisterprüfung nicht aufbringen konnte. Ohne Wohnung kam sie bei verschiedenen Freunden unter. Ab Juli 1947 wohnte sie in Salzwedel, danach erhielt sie im September 1948 ein Zimmer in Rostock. Hier wurde ihr eine Woche vor dem Verbot der Zeugen Jehovas in der DDR der Status eines „Opfers des Faschismus“ wieder aberkannt, da sie weiter zu ihrem Glauben stand. Weil sie die politische Unterstützung der Nationalen Front ablehnte, wurde ihr das angemietete Zimmer wieder entzogen. Am 15.10.1950 verweigerte sie die Beteiligung an der Wahl zur 1. Volkskammer der DDR. Daraufhin wurden immer mehr Zeugen Jehovas in der DDR verhaftet. Personen, bei denen sie über ihren Glauben missionierte, verrieten ihr Anfang August 1951, dass die Behörden auch bereits nach ihr gesucht hatten. Sofort floh sie nach Berlin. Da sie legal nicht in den Westen ausreisen konnte, beschaffte sie sich einen falschen Pass, mit dem sie endlich das ersehnte Flugticket nach Hannover erhielt, wo sie am 16.08.1951 ankam. Dort wie später auch in Neviges und Wuppertal wohnte sie eine Zeit lang bei ehemaligen Mithäftlingen aus der gemeinsamen Zeit in den drei KZs.[131] Schließlich zog sie am 18.09.1952 in den Wiesenweg 5 in Wermelskirchen. Fünf Tage zuvor hatte sie erneut geheiratet und den Namen Hartmann angenommen. Von da an kümmerte sie sich auch um das verwaiste Pflegekind ihres Mannes. Bis zu ihrem Tod mit 90 Jahren blieb Gertrud Hartmann aktiv mit der Wermelskirchener Gemeinde der Zeugen Jehovas verbunden.

---

[128] SächsStA-D, 11027 SG Freiberg, Karton 379, Kms/SG 79/37, Bl. 8R

[129] Stadtarchiv Leverkusen, Entschädigungsakte 4010-4867 S. 61 f

[130] Stadtarchiv Leverkusen, Entschädigungsakte 4010-4867 S. 11 f

[131] Stadtarchiv Leverkusen, Entschädigungsakte 4010-4867 S. 58 ff

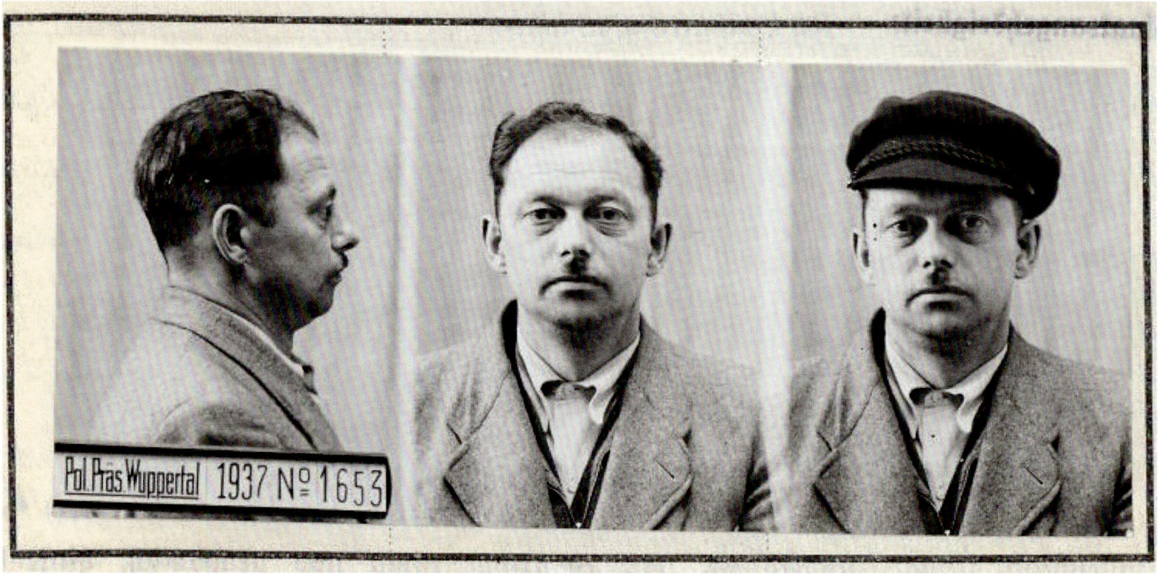

Häftlingsfotos von Friedrich Wilhelm Schütters, aufgenommen 1937

Friedrich Wilhelm Schütters – nach 89 Monaten in drei Konzentrationslagern den Todesmarsch überlebt

Friedrich Wilhelm Schütters wurde 1895 geboren, erlernte den Beruf des Schlossers. Er gehörte seit 1919 der SPD an und war bis zur Auflösung der Partei ihr Kassierer.[132] Nach dem Verbot der Zeugen Jehovas war Friedrich Schütters im Untergrund als Kurier tätig, obwohl er noch gar nicht als Zeuge Jehovas getauft war. Am 17.11.1937 fand ein geheimes Treffen in Wermelskirchen statt.[133] Noch am selben Tag wurde er in Opladen verhaftet. Dabei wurden u. a. zwei Bibeln, sowie die Bücher „Der Weg zum Paradiese" und „Gesänge zum Preise Jehovas" beschlagnahmt. Bei seiner Verhaftung gab er zu Protokoll: *„Ich bin überzeugter Anhänger der hl. Schrift für Jehova. Ich bin auch heute noch so eingestellt, denn ich habe dem Schöpfer einen Treueeid geleistet und möchte denselben nicht brechen."*[134]

Obwohl das Amtsgericht Wermelskirchen das Verfahren einstellte, wurde Friedrich Schütters am 22.01.1938 in das Konzentrationslager Buchenwald überführt, das damit eine Stärke von 2617 Häftlingen erreichte. Er selbst erhielt die Häftlingsnummer 2614 und wurde zur Zwangsarbeit in der Ziegelei eingesetzt.[135] Der Bau des Lagers war erst 6 Monate zuvor begonnen worden und noch nicht abgeschlossen. Im Lager wurde er mit Gewehrkolben geschlagen, mit Fußtritten misshandelt und wurde einmal an den ausgerenkten Armen 45 Minuten an den berüchtigten Marterpfahl gehangen. Durch die Misshandlungen verlor er einseitig das Gehör.[136]

Als gelernter Handwerker gehörte er am 25.05.1940 zu einer Gruppe von 100 Zeugen Jehovas, die von Buchenwald zur Wewelsburg bei Paderborn überstellt wurden, einem Nebenlager des KZ Sachsenhausen, wo er die Häftlingsnummer 25306 erhielt. In dieser Zeit (Februar bis August 1940) waren Jehovas Zeugen die einzige Häftlingsgruppe im

[132] Landesarchiv NRW RW 0058/ 41677 S. 2

[133] Landesarchiv NRW RW 0058/ 74013 S. 9 R, 11 R

[134] Landesarchiv NRW Gerichte Rep. 114 Nr. 6855

[135] Veränderungsmeldung KZ Buchenwald, 1.1.5.1 / 5277494 und 5333769, ITS Digital Archive, Arolsen Archives

[136] Stadtarchiv Leverkusen, Entschädigungsakte 4010-4856

Friedrich Schütters überlebte den Todesmarsch vom KZ Sachsenhausen nach Schwerin. Jehovas Zeugen veröffentlichten in der Zeitschrift „Trost" einen mehrteiligen Bericht über den Todesmarsch, aus der die Zeichnungen entnommen wurden.

Oben: Befreiung durch amerikanische Soldaten (Ausgabe vom 01.10.1945)
Unten: Erschöpfte Rast (Ausgabe vom 01.09.1945)

Lager. Himmler hatte sie für die Ausbauarbeiten der Burg zu einer SS-Kultstätte ausgewählt, da er aus den anderen Lagern wusste, dass sie zuverlässig waren und keine Fluchtversuche unternahmen. [137] Nachdem die Wewelsburg am 01.09.1941 ein selbständiges Konzentrationslager wurde, erhielt Friedrich Schütters die neue Häftlingsnummer 245. [138] Seit dem Jahr 1942 gelang es den Zeugen Jehovas sogar heimlich in Oberhausen gedruckte Exemplare der Zeitschrift *„Der Wachtturm"* regelmäßig in das Konzentrationslager zu schmuggeln. [139]

Am 29.01.1943 wurde Friedrich Schütters – nun mit der Häftlingsnummer 59864 - in das KZ Sachsenhausen überstellt. [140] Für den 03.09.1943 ist eine dreimonatige zusätzliche Bestrafung wegen Bibelforscheraktivitäten im Strafbuch eingetragen. [141] Und für den 13.02.1945 ist seine Zwangsarbeit bei den Heinkel-Flugzeugwerken dokumentiert. Am 21.04.1945 befand sich Friedrich Schütters unter den 16.000 Gefangenen des Lagers, die zum Todesmarsch in Richtung Ostsee aufbrachen, wo die Nazis sie auf Schiffen versenken wollten. Wer nicht mehr weiterlaufen konnte, wurde erschossen. Doch die 230 Zeugen Jehovas aus sechs verschiedenen Ländern hatten sich kleine Wagen organisiert, auf denen sie die Schwächsten transportierten. Fast völlig ohne Nahrung marschierten sie 200 km, bis sie am 03.05.1945 von amerikanischen Truppen in einem Wald bei Schwerin befreit wurden. Alle 230 Zeugen hatten überlebt. Noch am selben Tag verfassten sie eine Resolution. Darin heißt es auszugsweise: *„Die Absicht des Feindes, Gottes treues Volk in*

---

[137] John-Stucke, Zeugen Jehovas im Konzentrationslager in Wewelsburg in Hans Hesse (Hrsg.), „Am Mutigsten waren immer wieder die Zeugen Jehovas", Bremen, 1998, S. 65 f

[138] Häftlingsliste Kdo, Wewelsburg, 1.1.38.1 / 4096036, ITS Digital Archive, Arolsen Archives

[139] Kirstin John-Stucke, Zeugen Jehovas im Konzentrationslager in Wewelsburg in Hans Hesse (Hrsg.), „Am Mutigsten waren immer wieder die Zeugen Jehovas", Bremen, 1998, S. 72

[140] Veränderungsmeldung KZ Buchenwald, 1.1.5.3 / 7068376, ITS Digital Archive, Arolsen Archives

[141] Buchenwald Bestrafung in der Sonderabteilung, 1.1. 5.1 / 5339352, ITS Digital Archive, Arolsen Archives

In Leverkusen-Opladen erinnert in der Feldstraße 15 ein Stolperstein an Friedrich Wilhelm Schütters

diesem Lande durch unzählige teuflische Gewaltmethoden sowie tausend mittelalterliche Inquisitionsmethoden körperlicher und geistiger Art und auch durch vielerlei Schmeicheleien und Verführungskünste zur Untreue zu verleiten, ist dank des Herrn großer Hilfe und seines gnädigen Beistandes den dämonischen Hassern der Theokratie nicht gelungen." 36 weitere Häftlinge, die zuvor keine Zeugen Jehovas waren, schlossen sich ihnen nun an.[142] Bereits am 08.05.1945 organisierten die befreiten Zeugen Jehovas in der Grenadierkaserne in Schwerin den ersten Kongress („Halbtagesversammlung" genannt), bei dem 40 neue Gläubige getauft wurden.

Nachdem Friedrich Schütters zunächst in verschiedenen Behelfsunterkünften untergebracht war[143], wurde er mit 130 weiteren Zeugen Jehovas ab 15.05.1945 in der ehemaligen Hindenburg-Kaserne in Schwerin einquartiert.[144] Dort begannen sie sofort mit ihrer Missionstätigkeit. Jeden Morgen gingen rund 100 Zeugen noch in KZ-Kleidung in die Stadt Schwerin, sowie in umliegende Dörfer, um die Botschaft der Bibel zu verkünden und ihre Erfahrungen zu erzählen. Die übrigen begannen Schriften herzustellen. Innerhalb weniger Tage organisierten sie Schreibmaschinen, Abziehapparate, Papier und Farbe, sowie ca. 600 Wachsschablonen. Damit zogen sie 38 Wachtturm-Artikel rund 13.000-mal ab, was 183.000 Druckseiten ergab, die dann in der Umgebung verbreitet wurden.[145] Am Pfingstsonntag, den 20.05.1945 wurde ein weiterer Kongress in Schwerin mit 300 Teilnehmern organisiert und 9 Personen ließen sich als Zeugen Jehovas taufen.

Erst am 10.10.1945 kehrte Friedrich Wilhelm Schütters zurück ins Bergische Land: zuerst nach Opladen und dann nach Wermelskirchen. Er heiratete Ellen Wellershaus, eine Tochter des Fabrikanten Karl Wellershaus aus Wermelskirchen.[146] Am 30.09.1960 verstarb er. Seit dem 07.05.2002 erinnert in Leverkusen-Opladen, Feldstraße 15, ein Stolperstein an ihn. Dieser wurde am 19.11.2003 ausgetauscht, da sein in Leverkusen zunächst unbekanntes Verbleiben nach dem Krieg zwischenzeitlich aufgeklärt war.[147]

---

[142] Wachtturm-Gesellschaft [Hg.], Jahrbuch der Zeugen Jehovas 1974, S. 207-209. Wachtturm-Gesellschaft [Hg.], Der Wachtturm 15.11.1980 S. 7-10

[143] Unterkunft 03.05.1945: Zippendorfer Wiese. 06.05.1945: Pferdestall der Grenadierkaserne. 10.05.1945: Buchholz-Kaserne „mit etwas Stroh" - aus einem unveröffentlichten Vortragsmanuskript von Falk Bersch, anlässlich des Gedenktages an die Opfer des Nationalsozialismus am 27. Januar 2019 in der Gedenkstätte Todesmarsch im Belower Wald

[144] Namensliste der in der Hindenburg-Kaserne untergebrachten Zeugen Jehovas, Stadtarchiv Schwerin R01 Nr. 54

[145] Jahrbuch 1946 der Zeugen Jehovas. Wachtturm-Gesellschaft [Hg.], Bern, 1945, S. 123f

[146] Korrespondenzakte, 6.3.3.2 / 99599601, ITS Digital Archive, Arolsen Archives

[147] Norbert Kohnen, Fast vergessen – die standhaften Violetten, in: Wiltrud Schnütgen / Wilhelm Diedenhofen / Hans-Joachim Koepp / Bert Thissen (Hg.), Heimatkalender für das Land Kleve 2012, S. 98

Karl Ohm im KZ Buchenwald

Der Schlosser Karl Ohm wurde 1890 in Wipperfürth geboren. Wegen seiner religiösen Überzeugung verhinderte die Partei bereits im Jahr 1934 eine Einstellung beim Eisenbahn-Ausbesserungswerk.[148] Am 17.11.1937 fuhr er mit dem Fahrrad zu verschiedenen Zeugen Jehovas in Wermelskirchen, um geheime Informationen zur weiteren Tätigkeit zu überbringen.[149] Da das Gericht in Opladen einen Haftbefehl verweigerte, wurde er noch am gleichen Tag durch die Gestapo in Schutzhaft genommen.[150] Abends ab 20.00 Uhr fand eine nächtliche Hausdurchsuchung statt, bei der allerdings nur alte Schriften aus der Zeit vor dem Verbot der Bibelforscher gefunden wurden. Dies reichte jedoch der Gestapo für die Verhängung der Schutzhaft aus, denn *„[d]adurch dürfte aber der Beweis erbracht sein, dass er Bibelforscher ist."*[151]

Obwohl sein Arbeitgeber eine Petition für seine Freilassung einreichte, da er ihn als Schlosser dringend für Auslandsaufträge benötigte,[152] wurde er am 22.01.1938 in das Konzentrationslager Buchenwald überführt, wo er die Häftlingsnummer 2613 erhielt. Damit befand er sich auf dem gleichen Transport, auf dem auch Friedrich Brosius und Friedrich Schütters nach Buchenwald gebracht wurden. Karl Ohm wurde im Wasserbau-Kommando Tonndorf zur Zwangsarbeit eingesetzt. Da es seit 1935 als Scheidungsgrund galt mit einem Zeugen Jehovas verheiratet zu sein,[153] drängte die NSDAP seine Ehefrau nun die Scheidung einzureichen, was diese allerdings verweigerte.

Am 19.04.1940 wurde Karl Ohm aus Buchenwald entlassen[154] und kehrte nach Opladen zurück. Der letzte Eintrag in seiner Entschädigungsakte stammt aus dem Jahr 1967. Hier verliert sich bisher seine Spur. Vor seinem früheren Wohnhaus in Leverkusen-Opladen, Auestraße 12, in dem er seit dem 02.02.1921 lebte,[155] erinnert seit dem 07.05.2002 ein Stolperstein an Karl Ohm.

Emil und Martha Guth – als Ehepaar in verschiedenen Konzentrationslagern

Die Eheleute Guth wurden beide 1882 geboren und heirateten 1920 in Essen.[156] Emil Guth war Landarbeiter, diente im Ersten Weltkrieg als Soldat und arbeitete später in einer Kokerei. Seit 1924 bekannte sich das Ehepaar zu den Bibelforschern. Am 04.08.1936 wurde Emil Guth wegen seiner Tätigkeit als Bibelforscher festgenommen und zu 7 Monaten Haft verurteilt, die er bis zum 05.03.1937 verbüßte.[157] Nach seiner Freilassung war er weiter unerschrocken als Zeuge Jehovas aktiv. In ihrem 60. Lebensjahr wurde das Ehepaar Guth erneut verhaftet: Emil am 14.03.1942 und seine Frau Martha Lina Guth zwei Tage später. In der Anklageschrift vom 02.06.1942 wurden sie beschuldigt *„von einem Unbekannten ein Exemplar des Wachtturms"* erhalten zu haben, sowie *„Bibelbesprechungen abgehalten"* zu haben, die zur Taufe einer weiteren beschuldigten

---

[148] Landesarchiv NRW Entschädigungsakte BR 3008 Nr. 15370

[149] Landesarchiv NRW RW 0058/ 59767 S. 3

[150] Veränderungsmeldung KZ Buchenwald, 1.1.5.3 / 6738685, ITS Digital Archive, Arolsen Archives

[151] Landesarchiv NRW Gerichte Rep. 114 Nr. 6855 S. 23

[152] Landesarchiv NRW RW 0058/ 74013 S. 9 R, 11 R

[153] Wachtturm-Gesellschaft [Hg.], 1999, Texte und Unterrichtsvorschläge zur Videodokumentation „Standhaft trotz Verfolgung – Jehovas Zeugen unter dem NS-Regime", S. 59

[154] Veränderungsmeldung KZ Buchenwald, 1.1.5.1 / 5277494 und 5279430, ITS Digital Archive, Arolsen Archives

[155] Landesarchiv NRW Entschädigungsakte BR 3008 Nr. 15370

[156] Sterbeurkunde Martha Guth, Landesarchiv NRW BR 2182 Nr. 7232

[157] Landesarchiv NRW RW 0058/ 31058, S. 74 R und Entschädigungsakte BR 3008 Nr. 15159

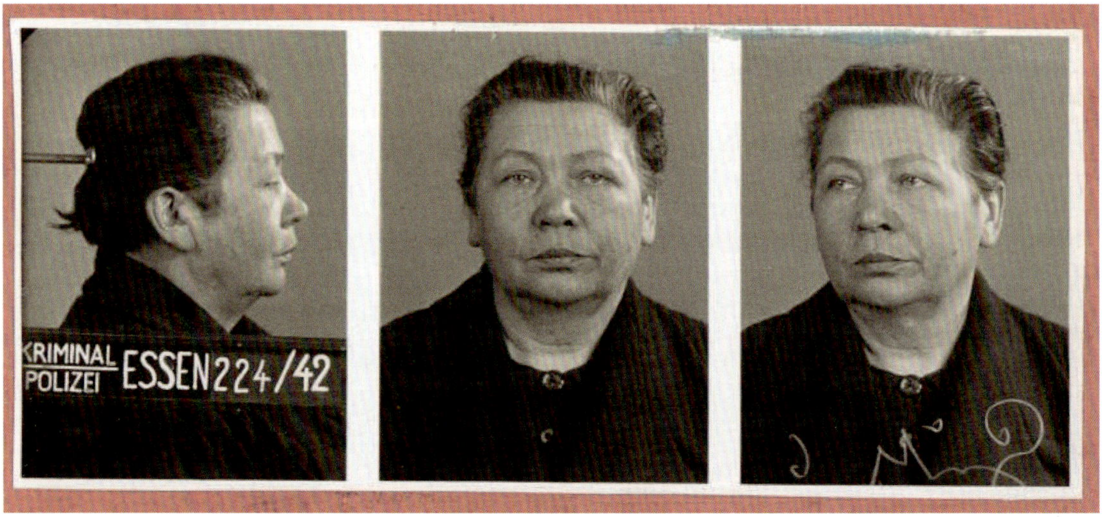

Häftlingsfotos von Martha Lina Guth, aufgenommen 1942

Frau geführt hatten.[158] Am 04.07.1942 wurde Emil deswegen vom Sondergericht Essen zu 2 Jahren Zuchthaus verurteilt, während das Urteil von Martha auf 1 Jahr Gefängnis lautete. Drei Tage später titelte die Nationalzeitung: *„Bibelforscher helfen dem Feinde – Exemplarische Strafen für wehrfeindliche Ketzer“* und zitierte den Staatsanwalt: *„Sollte man solche ketzerische und wehrfeindliche Elemente in Zukunft wieder in der Anklagebank antreffen, dann werde die Frage zu prüfen sein, ob über die Angeklagten nicht [...] die Todesstrafe verhängt werden muss.“*[159]

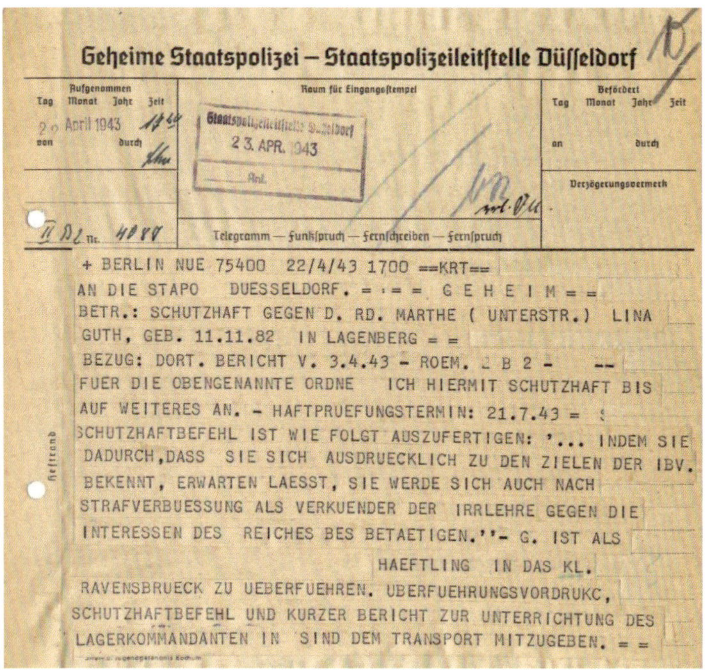

Geheime Staatspolizei – Staatspolizeileitstelle Düsseldorf

Aufgenommen Tag Monat Jahr Zeit: 2. April 1943 1744 — von — durch

Raum für Eingangsstempel: Staatspolizeileitstelle Düsseldorf 23. APR. 1943 — Anl.

Befördert Tag Monat Jahr Zeit — an — durch — Verzögerungsvermerk

II D Nr. 4088 — Telegramm — Funkspruch — Fernschreiben — Fernspruch

+ BERLIN NUE 75400 22/4/43 1700 ==KRT==
AN DIE STAPO DUESSELDORF. = : = = G E H E I M = =
BETR.: SCHUTZHAFT GEGEN D. RD. MARTHE (UNTERSTR.) LINA GUTH, GEB. 11.11.82 IN LAGENBERG = =
BEZUG: DORT. BERICHT V. 3.4.43 - ROEM. 2 B 2 - --
FUER DIE OBENGENANNTE ORDNE ICH HIERMIT SCHUTZHAFT BIS AUF WEITERES AN. - HAFTPRUEFUNGSTERMIN: 21.7.43 = :
SCHUTZHAFTBEFEHL IST WIE FOLGT AUSZUFERTIGEN: '... INDEM SIE DADURCH,DASS SIE SICH AUSDRUECKLICH ZU DEN ZIELEN DER IBV. BEKENNT, ERWARTEN LAESST, SIE WERDE SICH AUCH NACH STRAFVERBUESSUNG ALS VERKUENDER DER IRRLEHRE GEGEN DIE INTERESSEN DES REICHES BES BETAETIGEN.''- G. IST ALS HAEFTLING IN DAS KL. RAVENSBRUECK ZU UEBERFUEHREN. UEBERFUEHRUNGSVORDRUKC, SCHUTZHAFTBEFEHL UND KURZER BERICHT ZUR UNTERRICHTUNG DES LAGERKOMMANDANTEN IN SIND DEM TRANSPORT MITZUGEBEN. = =

Am 23.4.1943 kam mit diesem Telegramm die Weisung aus Berlin, Martha Lina Guth in das Konzentrationslager Ravensbrück einzuliefern.

Nach Verbüßung der Haft wurde das Ehepaar nicht entlassen. Stattdessen wurde Martha Guth mit dem Ziel in Schutzhaft genommen, sie dazu zu bewegen, ihrem Glauben abzuschwören. Mutig gab sie folgende Erklärung ab: *„Ich glaube nach wie vor, daß Jehovas Wort richtig ist und daß alles eintreten wird, was er durch sein Wort hat niederschreiben lassen. Von dieser Auffassung trete ich unter keinen Umständen zurück. Selbst dann, wenn man mich einem Konzentrationslager überstellen würde, werde ich nach wie vor Zeugin Jehovas bleiben.“*[160] Mit Schreiben vom 03.04.1943 beantragte die

---

[158] Anklageschrift 02.06.1942, S. 13, Archiv der sozialen Demokratie, Bonn

[159] Nationalzeitung, 07.07.1942, Landesarchiv NRW, RW 58 4146

[160] Landesarchiv NRW RW 0058/ 326 S. 6 R

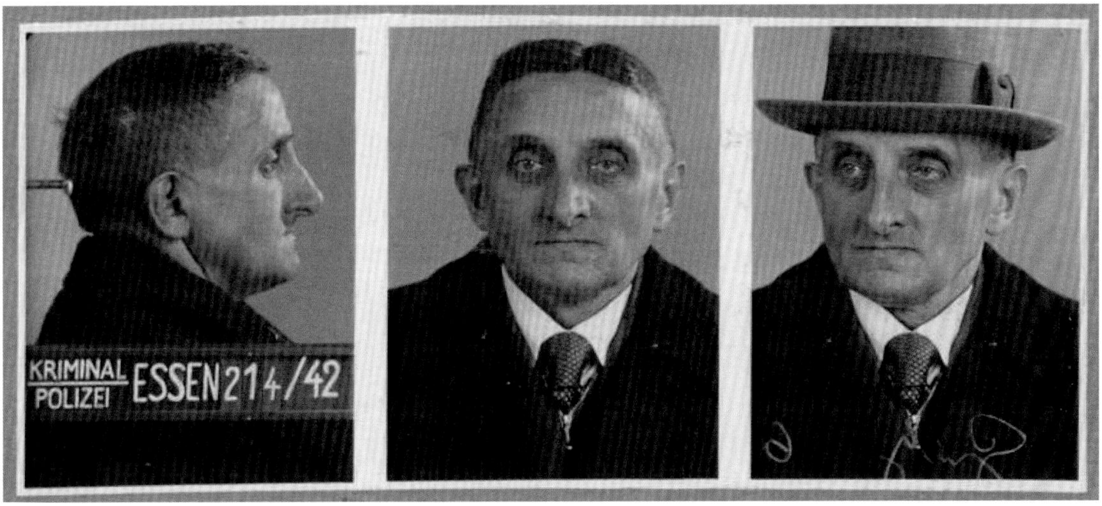

Häftlingsfotos von Emil Guth, aufgenommen 1942

Gestapo Düsseldorf ihre Einweisung in ein Konzentrationslager, da sie *„als verstockte und nicht besserungsfähige Bibelforscherin“* galt. Per Telegramm vom 22.04.1943 stimmte das Reichssicherheitshauptamt Berlin dem Antrag zu, weil die Tatsache, *„dass sie sich ausdrücklich zu den Zielen der IBV bekennt, erwarten lässt, sie werde sich auch nach Strafverbüßung als Verkündiger der Irrlehre gegen die Interessen des Reiches betätigen.“*[161] Am 19.05.1943 wurde Martha Guth dann in das KZ Ravensbrück überstellt, wo sie die Häftlingsnummer 19862 erhielt.[162] Das Kriegsende verhinderte zwei Jahre später ihre bereits geplante Vergasung.[163]

Emil Guth musste während seiner Haft im Straflager Oberems bei Gütersloh schwere körperliche Arbeit leisten. Bei seiner geplanten Entlassung wurde ihm am 03.04.1944 folgende Erklärung zur Unterschrift vorgelegt: *„Ich habe erkannt, dass die Internationale Bibelforschervereinigung eine Irrlehre verbreitet und unter dem Deckmantel religiöser Betätigung lediglich staatsfeindliche Ziele verfolgt. Ich habe mich deshalb voll und ganz von dieser Organisation abgewandt und mich auch innerlich von der Lehre dieser Sekte freigemacht. Ich versichere hiermit, dass ich mich nie wieder für die Internationale Bibelforschervereinigung betätigen werde. Personen, die für die Irrlehre der Bibelforscher werbend an mich herantreten oder in anderer Weise ihre Einstellung als Bibelforscher bekunden, werde ich unverzüglich zur Anzeige bringen. Sollten mir Bibelforscherschriften zugesandt werden, werde ich sie umgehend bei der nächsten Polizeidienststelle abgeben. Ich will künftig die Gesetze des Staates achten und mich voll und ganz in die Volksgemeinschaft eingliedern. Mir ist eröffnet worden, dass ich mit meiner sofortigen erneuten Inschutzhaftnahme zu rechnen habe, wenn ich meiner heute abgegebenen Erklärung zuwider handele.“*

Wissend, dass dieses seine Einlieferung in ein KZ bedeutete, ließ Emil Guth die Erklärung mit folgendem Zusatz versehen: *„Die von mir gewünschte Erklärung … kann ich niemals unterschreiben, weil ich 1. nicht erkannt habe, dass die IBV eine Irrlehre verbreitet, und weil ich mich 2. auch innerlich noch nicht von dieser Lehre freigemacht habe. Meiner nunmehrigen Überstellung in ein Konzentrationslager sehe ich entgegen. - Meine Ehefrau,*

[161] Landesarchiv NRW RW 0058/ 24843 S. 8 R

[162] Auszüge aus den Akten der Gestapo, Staatspolizeistelle Düsseldorf, 1.2.2.1 / 11271612, ITS Digital Archive, Arolsen Archives

[163] Selbstauskunft von Martha Guth, Radevormwald, 19.12.1949, Jehovas Zeugen, Archiv Zentraleuropa: VZ Martha Guth

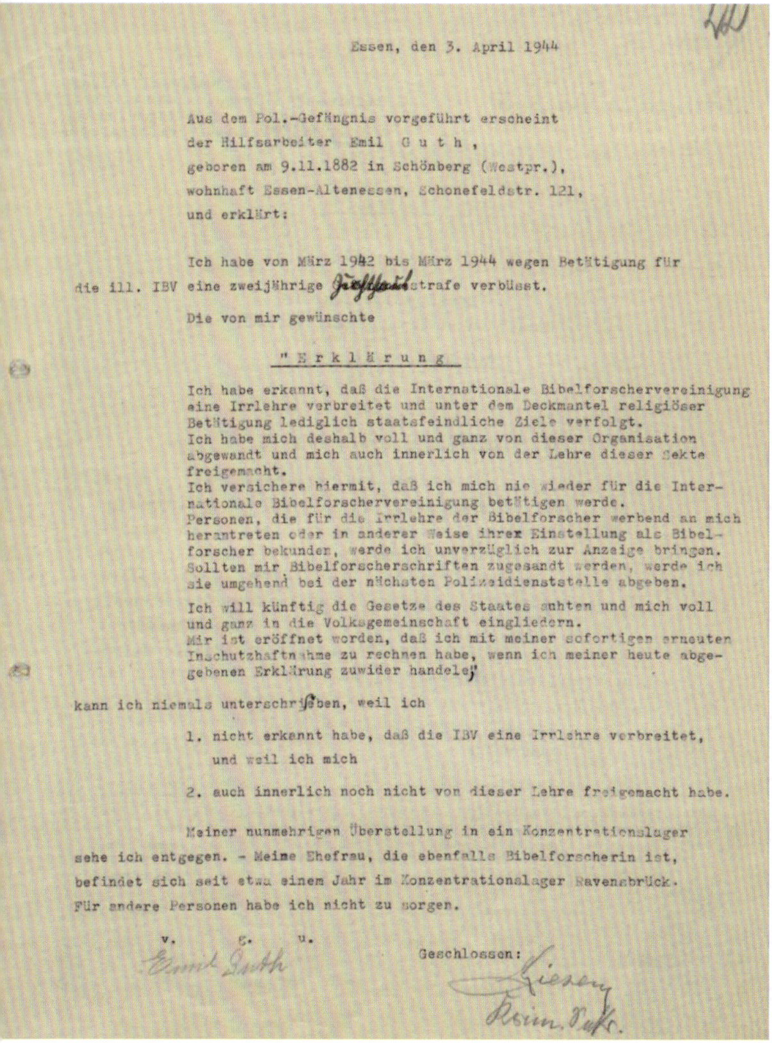

Essen, den 3. April 1944

Aus dem Pol.-Gefängnis vorgeführt erscheint
der Hilfsarbeiter Emil G u t h ,
geboren am 9.11.1882 in Schönberg (Westpr.),
wohnhaft Essen-Altenessen, Schonefeldstr. 121,
und erklärt:

Ich habe von März 1942 bis März 1944 wegen Betätigung für
die ill. IBV eine zweijährige Zuchthausstrafe verbüsst.

Die von mir gewünschte

"E r k l ä r u n g

Ich habe erkannt, daß die Internationale Bibelforschervereinigung eine Irrlehre verbreitet und unter dem Deckmantel religiöser Betätigung lediglich staatsfeindliche Ziele verfolgt.
Ich habe mich deshalb voll und ganz von dieser Organisation abgewandt und mich auch innerlich von der Lehre dieser Sekte freigemacht.
Ich versichere hiermit, daß ich mich nie wieder für die Internationale Bibelforschervereinigung betätigen werde.
Personen, die für die Irrlehre der Bibelforscher werbend an mich herantreten oder in anderer Weise ihrer Einstellung als Bibelforscher bekunden, werde ich unverzüglich zur Anzeige bringen.
Sollten mir Bibelforscherschriften zugesandt werden, werde ich sie umgehend bei der nächsten Polizeidienststelle abgeben.

Ich will künftig die Gesetze des Staates achten und mich voll und ganz in die Volksgemeinschaft eingliedern.
Mir ist eröffnet worden, daß ich mit meiner sofortigen erneuten Inschutzhaftnahme zu rechnen habe, wenn ich meiner heute abgegebenen Erklärung zuwider handele",

kann ich niemals unterschreiben, weil ich

1. nicht erkannt habe, daß die IBV eine Irrlehre verbreitet, und weil ich mich

2. auch innerlich noch nicht von dieser Lehre freigemacht habe.

Meiner nunmehrigen Überstellung in ein Konzentrationslager sehe ich entgegen. - Meine Ehefrau, die ebenfalls Bibelforscherin ist, befindet sich seit etwa einem Jahr im Konzentrationslager Ravensbrück. Für andere Personen habe ich nicht zu sorgen.

v. g. u.

Geschlossen:

Emil Guth wäre freigelassen worden, wenn er diese Erklärung, seinem Glauben abzuschwören, unterzeichnet hätte. Stattdessen ließ er sie am 03.04.1944 mit einem Zusatz versehen, dass er weiterhin an seinem Glauben festhielt – und kam dafür in ein Konzentrationslager

die ebenfalls Bibelforscherin ist, befindet sich seit etwa einem Jahr im Konzentrationslager Ravensbrück. Für weitere Personen habe ich nicht zu sorgen." [164] Am 16.05.1944 unterzeichnete Ernst Kaltenbrunner in Prag den Befehl, Emil Guth in das KZ Buchenwald einzuliefern. [165] Nach seiner Ankunft dort am 06.07.1944 erhielt er die Häftlingsnummer 7335 und musste im Steinbruch Zwangsarbeit leisten.[166]

Nach der Befreiung aus dem Konzentrationslager traf Emil Guth am 22.08.1945 in Radevormwald ein, wo er zunächst Unterkunft bei seinem Glaubensbruder Rudolf Klüting in der Leimholer Straße 5 fand. Nach der Rückkehr von Martha Guth aus Ravensbrück am 15.10.1945 [167] wohnte das Ehepaar kurze Zeit im Grünenbaum 70, sowie in der Siepenstraße 43, bevor sie dann 1949 in die Bredderstraße 9 umzogen. [168] Emil Guth war nach dem Krieg der Leiter der Ortsgemeinde der Zeugen Jehovas in Radevormwald.[169] Am 10.09.1957 ist er in Solingen verstorben.[170] Seine Frau überlebte ihn um 9 Jahre und verstarb am 09.10.1966.[171]

---

[164] Jehovas Zeugen Archiv Zentraleuropa, Selters (Taunus)

[165] Landesarchiv NRW RW 0058/ 51773, S. 26

[166] Auszüge aus den Akten der Gestapo, Staatspolizeistelle Düsseldorf, 1.2.2.1 / 11271635, ITS Digital Archive, Arolsen Archives
KZ Buchenwald, Veränderungsmitteilung Kdo Steinbruch 02.08.1944, 1.1.5.1 / 5333249, ITS Digital Archive, Arolsen Archives

[167] Landesarchiv NRW Entschädigungsakte BR 3008 Nr. 15160

[168] Stadtarchiv Radevormwald: Meldekarten

[169] Stadtarchiv Leverkusen, Entschädigungsakte 4010-4898 S.9

[170] Stadtarchiv Solingen, Sterbeurkunde

[171] Sterbeurkunde Nr. 1938, Landesarchiv NRW BR 2182, Nr. 7232

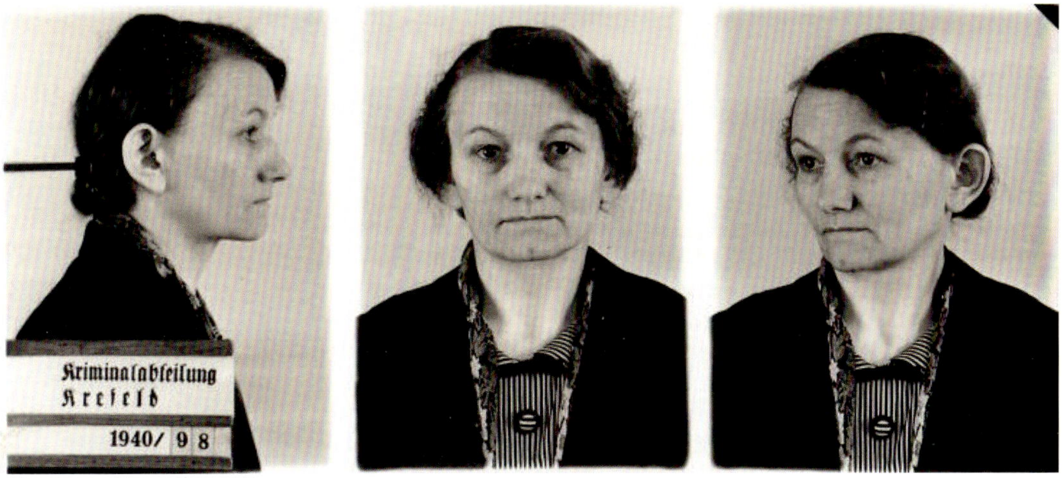

Häftlingsfotos von Anna Schröder, aufgenommen 1940

Anna Schröder – eine Mutter verliert das Sorgerecht über ihren Pflegesohn

Die Wermelskirchener Gemeinde der Zeugen Jehovas unterhielt einen regen Austausch zur Gemeinde in Leverkusen. Zu den bereits früh inhaftierten Gläubigen gehörte Anna Schröder (1893-1974),[172] die in Schlesien als drittes von elf Geschwistern aufgewachsen war. 1916 zog sie nach Leverkusen. Zusammen mit ihrer Mutter und einigen Geschwistern bekannte sie sich seit 1922 zu den Bibelforschern, obwohl sie selbst noch nicht als solche getauft worden war.[173]

Im Verfahren gegen die vier Wermelskirchener Zeugen Jehovas Martha Wurmnest, Anna Siebel, Friedrich und Hans Brosius waren 1935 auch sieben weitere Gläubige der Leverkusener Gemeinde angeklagt, darunter Anna Schröder. Am 13.05.1935 hatte die Leverkusener Polizei in ihrer Wohnung eine geheime Zusammenkunft der Zeugen Jehovas aufgelöst, an der die sieben Personen teilgenommen hatten. Am 15.10.1935, dem Tag der Gerichtsverhandlung vor dem Landgericht in Düsseldorf war Anna Schröder verhandlungsunfähig. Daher wurde ihr Fall abgetrennt und am 31.12.1935 verhandelt. Sie wurde zu einem Monat Haft, sowie zu einem weiteren Hafttag wegen Verweigerung des „Deutschen Gruß“ verurteilt, die sie ab dem 03.02.1936 in Düsseldorf verbüßte.[174]

Nach ihrer Haftentlassung praktizierte sie ihren Glauben heimlich weiter. Als sie 1938 nicht zur Wahl ging, erhielt sie Arbeitsverbot und wurde entlassen. Am 02.05.1939 wurde ihr dann in einer Anklageschrift vorgeworfen, im Vorjahr ein Paket mit biblischen Schriften betitelt „Fegefeuer“, „Regierung“, sowie „Krieg und Frieden“ entgegengenommen zu haben. Weiter hieß es: *„Frau Schroeder hat etwa 12-15 Broschüren in Briefkästen in Köln-Mülheim geworfen. Ferner hat Frau Schroeder mit der [ebenfalls] angeklagten Ehefrau Franz in Verbindung gestanden. Beide sind öfters zusammengekommen, haben die Bibel ausgelegt und sich auch über die Unterstützung notleidender Glaubensgenossen unterhalten. Ende 1938 hat die angeklagte Ehefrau Schroeder noch von Frau Franz einen Abzug des „Wachtturms“ erhalten.“*[175] Dies reichte am 21.07.1939 zur Verurteilung zu 5 Monaten verschärfter Haft[176] im Frauengefängnis Anrath (heute ein Stadtteil von Willich), die sie vom 03.11.1939 bis zum 03.04.1940 verbüßte. Am Tag ihrer vorgesehen Freilassung wurde sie

---

[172] Sterberegistereintrag Standesamt Leverkusen 683/74

[173] Landesarchiv NRW Gerichte Rep. 114 Nr. 454 S. 38 ff

[174] Landesarchiv NRW Gerichte Rep. 114 Nr. 453 S. 27 ff

[175] Stadtarchiv Leverkusen, Entschädigungsakte 30.675 (Berta Franz)

[176] Landesarchiv NRW Gerichte Rep. 112 Nr. 17757 S. 2 ff

in Schutzhaft genommen. Reinhard Heydrich persönlich unterzeichnete am 08.05.1940 einen Befehl für 3 weitere Monate Schutzhaft in Krefeld, die bei ihr zu dauerhaften gesundheitlichen Einschränkungen führten.[177]

Vor ihrer Verhaftung hatte Anna Schröder sechs Jahre darum gekämpft, alle Unterlagen zur Adoption des Sohnes ihrer verstorbenen Schwester zusammenzustellen.[178] Umso belastender war nun die Tatsache, dass sie auch nach ihrer Haftentlassung am 16.07.1940 ihren angenommenen Pflegesohn nicht wiedersehen durfte. Das Jugendamt Leverkusen-Wiesdorf hatte ihr bereits im Januar 1939 die Erziehungsgewalt über ihren achtjährigen Pflegesohn entzogen und diesen vom 26.09.1939 bis zum 28.02.1941 zwangsweise in dem Kinderheim „Talsperre“ in Wermelskirchen eingewiesen.[179] Selbst nach dem Krieg musste sie noch jahrelang um eine Wiedergutmachung kämpfen, da die Akten des Wohlfahrtsamtes zu diesem Fall bei einem Brand im Jahr 1944 vernichtet wurden.[180]

Karl Noske – nach 96 Monaten KZ-Haft in der DDR erneut verfolgt

Karl Josef Anton Noske (1900-1973)[181] war von Beruf Tapezierer und Polsterer. Er war katholisch erzogen worden und diente im Ersten Weltkrieg als Soldat. Nach seiner Hochzeit sah der zweifache Vater sich das Schöpfungsdrama der Bibelforscher an, ließ sich selbst aber erst gut drei Jahre nach deren Verbot im Alter von 36 Jahren als Zeuge Jehovas taufen. Bereits im Jahr zuvor war er wegen der Verweigerung des „Deutschen Grußes“ am 27.04.1935 von seinem Arbeitgeber entlassen worden.[182] Von da an beteiligte sich Karl Noske daran, Pakete von einem geheimen Literaturlager an Glaubensbrüder zu versenden. Auch fertigte er heimlich mit einem Vervielfältigungsapparat jeweils 500 Exemplare der Zeitschrift *„Der Wachtturm“* mit Hilfe von Matrizen an.[183] Am 07/08.05.1937 wurde er verhaftet und am 16.07.1937 zu 27 Monaten Haft verurteilt, die er zunächst in Breslau und später im Straflager V Neusustrum im Emsland verbrachte.[184] Dort mussten die Häftlinge unter primitiven Verhältnissen das Moor entwässern und Torf stechen. Im Lager gelangte er heimlich an eine Bibel. Frühere Nachbarn reichten eine Petition für seine Freilassung ein. Daraufhin bot man ihm die Freilassung an, wenn er sich schriftlich von seinem Glauben lossagte. Da er dies ablehnte, wurde er am 07.10.1939 vom Gefängnis Papenburg in das KZ Buchenwald überführt, wo er zunächst die Häftlingsnummer 8145 und ab 1941 die Nr. 3137 erhielt.[185]

Nach drei Monaten in der Strafkompanie musste Karl Noske im KZ Buchenwald bis zum 22.02.1941 im Steinbruch Schwerstarbeit leisten und dabei Steine im Laufschritt schleppen. Einmal bekam der Bibelforscherblock als Schikane eine ganze Woche Essensentzug.[186] Am 26.02.1941 erhielt Karl Noske eine neue Arbeitszuteilung in der SS-Unterkunft, von wo

---

[177] Landesarchiv NRW RW 0058/ 48290, S. 8

[178] Landesarchiv NRW RW 0058/ 48290, S. 4R

[179] Landesarchiv NRW RW 0058/ 29570, S. 4

[180] Stadtarchiv Leverkusen, Entschädigungsakte 30.998

[181] Landesarchiv NRW BR3008 Nr. 79767, letzte Seite

[182] Unterlagen zur Anerkennung als „Opfer des Faschismus“, LATh-HStA Weimar Nr. 4038 Bl. 100r

[183] Erlebnisbericht Karl Noske vom 23.01.1973, Jehovas Zeugen Archiv Zentraleuropa, Selters (Taunus)

[184] Brief des Bürgermeisters von Papenburg am 10.10.1939, 1.1.5.3 / 6721970, ITS Digital Archive, Arolsen Archives

[185] KZ Buchenwald, Einlieferungskarte, 1.1.5.3 / 6721976 und Änderung Häftlingsnummern, 1.1.5.1/5284899, ITS Digital Archive, Arolsen Archives

[186] Erlebnisbericht Karl Noske vom 23.01.1973, Jehovas Zeugen Archiv Zentraleuropa, Selters (Taunus)

er am 24.05.1941 in die SS-Schuhmacherei versetzt wurde.[187] Am 26.03.1944 wurde er schließlich in den Block 42 verlegt,[188] in dem sich viele seiner Glaubensbrüder befanden, die sich gegenseitig heimlich durch biblische Vorträge stärkten, welche er mitstenografierte.

Ein Jahr nach der Befreiung des KZ Buchenwald durch amerikanische Truppen, die ihn am 06.05.1945 entließen, begann Karl Noske als Kreisaufseher (reisender Beauftragter) Gemeinden der Zeugen Jehovas an verschiedenen Orten zu besuchen. Durch den häufigen Wohnsitzwechsel entging er seiner geplanten Verhaftung durch den DDR-Staatssicherheitsdienst.[189] Stattdessen sperrte die Stasi seinen Sohn Hans Noske (1927-1994) im August 1950, drei Wochen vor dessen geplanter Hochzeit, für zwei Jahre ein.[190] Karl Noske floh daraufhin als Gärtner getarnt mit seiner Frau Anna nach Berlin. Auf Einladung seines Freundes Friedrich Brosius, den er in Buchenwald kennengelernt hatte, zog er 1951 nach Wermelskirchen-Tente in die Straße Löh 25 und in den 1960er Jahren in die Straße Im Wolfhagen 24.

Befreite Zeugen Jehovas im KZ Buchenwald – Karl Noske verbrachte fast sechs Jahre dort, nachdem er zuvor schon zwei Jahre im Straflager Neusustrum war.

Karl Meister durch Haftfolgen gelähmt

Karl Meister wurde 1890 geboren und erlernte den Beruf des Maschinenschlossers. Seit 1931 bekannte er sich zu Jehovas Zeugen. Am 05.06.1935 wurde er wegen des Verkaufs von Bibeln und einem Treffen mit anderen Gläubigen in seiner Wohnung verhaftet und zunächst im Kölner Gefängnis Klingelpütz inhaftiert.[191] Im Folgemonat erfolgte seine Überstellung in das Konzentrationslager Esterwegen, wo er bis zum 29.11.1935 verblieb.[192] In dem Barackenlager VII, das zu den Emslandlagern gehörte, mussten die Häftlinge Schwerstarbeit leisten. Bei seiner Verurteilung am 04.12.1935 am Kölner Apellhofplatz wurde ihm die Haft angerechnet, so dass er freigelassen wurde.

---

[187] KZ Buchenwald, Veränderungsmeldung, 1.1.5.1 / 5323538 und 5323588, ITS Digital Archive, Arolsen Archives

[188] KZ Buchenwald, Verlegungen innerhalb der Blocks, 1.1.5.1 / 5335265, ITS Digital Archive, Arolsen Archives

[189] Göran Westphal, Die Zeugen Jehovas in Weimar, in Gerhard Besier / Clemens Vollnhals [Hgg], 2003, Repression und Selbstbehauptung – Die Zeugen Jehovas unter der NS- und der SED-Diktatur S. 159, 165, 166

[190] Zeitung „Volk“, 04.11.1950, S. 98. Telefoninterview des Autors mit Ingeborg Noske, der Witwe von Hans Noske am 13.03.2021.

[191] Arbeitsgruppe „Geschichtsforschung Jehovas Zeugen in Köln“ in Kooperation mit dem NS-Dokumentationszentrum der Stadt Köln [Hgg.], 2006, Mike Lorsbach, Die Verfolgung der Zeugen Jehovas in Köln (1933-1945), Seite 21. Landesarchiv NRW GR21 Nr. 188

[192] Korrespondenzakte, 6.3.3.2 / 100512070, ITS Digital Archive, Arolsen Archives

Doch 1938 wurde er erneut verhaftet, diesmal wegen „Anklage zum Hochverrat". Vom Sondergericht Köln wurde er zu einer Haftstrafe verurteilt, die er vom 16.07.1938 bis zum 26.01.1939 verbüßte.[193] In der Haft zog er sich eine Hüftgelenkentzündung zu, die dazu führte, dass er als einseitig gelähmter Invalide entlassen wurde.[194] Karl Meister wohnte nach dem Krieg völlig mittellos in Dabringhausen (seit 1975 ein Stadtteil von Wermelskirchen), In der Aue.[195] Er starb vermutlich 1966.[196]

Ehemaliger KZ-Häftling Ludwig Bischoff findet im Bergischen Land eine neue Heimat

Ludwig Bischoff mit Anstecker „Kreuz und Krone", einem Erkennungszeichen der frühen Bibelforscher

Bereits vor dem Verbot war Friedrich Wilhelm Ludwig Bischoff (1900-1990), als Bezirksdienstleiter (Reisender Aufseher der Zeugen Jehovas) u.a. in Österreich tätig. Der gelernte Schuhmacher hatte sich 1921 als Zeuge Jehovas taufen lassen.[197] Er wurde am 12.09.1936 in Berlin verhaftet und in das weitgehend unbekannte KZ Columbia-Haus gebracht, in dem auch viele ehemalige kommunistische Parlamentsabgeordnete interniert waren. Doch das KZ befand sich schon damals in der Auflösung, da an seiner Stelle der Flughafen Berlin-Tempelhof gebaut werden sollte. Deshalb wurde Ludwig Bischoff bereits am 03.10.1936 in das noch unfertige KZ Sachsenhausen gebracht, wo er die niedrige Nr. 787 erhielt. In Zwangsarbeit musste er bei unzureichender Kleidung und Nahrung im eisigen Winter Bäume fällen, um das KZ mit aufzubauen. In der Anklageschrift wurde ihm vorgeworfen, als *„Sonderbeauftragter ... eine Tätigkeit ganz erheblichen Umfangs entwickelt"* zu haben.[198] Daher wurde er zu 18 Monaten Gefängnis verurteilt. Nach der Haftverbüßung wurde er mit 11,36 Reichsmark als Entschädigung für die Zwangsarbeit freigelassen. Da Mitarbeiter des Geheimdienstes der DDR nach dem Krieg mehrmals versuchten, ihn zu entführen, siedelte er auf Einladung von Friedrich Brosius nach Wermelskirchen um.[199] Hier verbrachte er noch 28 Lebensjahre und heute erinnert ein Stolperstein in der Berliner Straße 112 an ihn.

---

[193] Landesarchiv NRW Gerichte Rep. 112 Nr. 17757

[194] Landesarchiv NRW BR 3000 Nr. 1197

[195] Landesarchiv NRW Entschädigungsakte BR 3006 Nr. 21792

[196] Für die Zeit vom 03.10.1943 bis 08.11.1943 existieren Unterlagen der Krankenstation im Konzentrationslager Neuengamme, die einem Karl Meister unter der Häftlings-Nr. 13578 eine Erkrankung an Tuberkulose bescheinigen. Dabei scheint es sich nur um eine Namensgleichheit zu handeln (Laborjournal des Häftlingskrankenhaus Neuengamme, 1.1.30.1 / 3424071, ITS Digital Archive, Arolsen Archives). Unter der gleichen Häftlings-Nr. führt das Totenbuch Neuengamme einen 1944 verstorbenen Häftling namens Meister mit anderem Geburtsdatum und -ort auf.

[197] Erlebnisbericht Ludwig Bischoff, 1971, Jehovas Zeugen Archiv Zentraleuropa, Selters (Taunus)

[198] Anklageschrift Generalstaatsanwalt Berlin, 24.03.1937, 4.Sond.K.Ms.13.37, S. 7

[199] Mehrere Interviews des Autors mit Sybille Kämmer, geb. Bischoff, Tochter von Ludwig Bischoff und Mutter des Autors

Otto Hartstang – inhaftiert in 30 verschiedenen Gefängnissen und Lagern

Otto Hartstang verbrachte mehr als sieben Jahre für seinen Glauben in 30 Haftanstalten.

Die beiden Remscheider Fritz (1909-1964) und Otto Hartstang (1913-2005) waren Brüder. Fritz bekannte sich bereits seit 1924 zu den Bibelforschern und war zunächst in Frankreich und später in den Niederlanden missionarisch tätig. 1940 wurden die Niederlande von Deutschland besetzt. Zu dieser Zeit arbeitete Fritz Hartstang im niederländischen Zweigbüro der Zeugen Jehovas und die Polizei machte Jagd auf ihn. Mehrmals gelang es ihm knapp zu entwischen. Dann wurde er im Juli 1941 nach Belgien zugeteilt, wo er die Tätigkeit der Zeugen Jehovas im Untergrund neu organisierte und den Wachtturm von Frankreich nach Belgien schmuggelte. Wie durch ein Wunder gelang es ihm immer wieder der Gestapo zu entkommen.[200]

Otto Hartstang folgte dem Beispiel seines älteren Bruders und ließ sich 1934 – schon unter Verbot - als Zeuge Jehovas taufen. Am 07.10.1934 beteiligte er sich an der Protestaktion gegen die Verfolgung seiner Glaubensbrüder, indem er einen Brief an die Regierung Hitlers sandte. Daraufhin wurde er am 02.08.1935 in Remscheid verhaftet und für drei Monate inhaftiert, u. a. im KZ Esterwegen.[201] Obwohl er zu den 47 Angeklagten in einem Massenprozess gegen Jehovas Zeugen in Remscheid gehörte, gelang es ihm nach seiner vorläufigen Freilassung in die Niederlande zu fliehen. Dort schrieb er einen Augenzeugenbericht über das Leiden im frühen KZ Esterwegen, der 1936 von Jehovas Zeugen anonym in der Zeitschrift *„Das Goldene Zeitalter“* veröffentlicht wurde.

Anfang 1938 wurde er gefragt, ob er bereit sei, nach Deutschland zurückzukehren, um nach der Verhaftung führender Zeugen Jehovas neue Strukturen für die illegale Untergrundtätigkeit aufzubauen. Aus tiefer religiöser Überzeugung nahm er den Auftrag an und reiste unter dem Decknamen Karl Schmidt konspirativ mit dem Zug und dem Fahrrad durch Deutschland. Nicht ahnend, dass er bereits observiert wurde, wurde er am 27.04.1938 in Dresden mit 240 Schriften verhaftet und unter nächtlicher Folter verhört. Im gleichen Jahr wurde er vom Sondergericht Freiberg zu 5 Jahren Haft verurteilt, die er überwiegend im Gefängnis in Bautzen verbrachte, welches unter dem Namen „Gelbes Elend“ bekannt war.[202]

Nach seiner Haftverbüßung wurde er in „Schutzhaft“ genommen und 1943 in das KZ Sachsenhausen eingeliefert. Im folgenden Jahr wurde er über Köln und Dänemark in ein

---

200 Biografie seiner Frau Helene Hartstang, erschienen in: Wachtturm-Gesellschaft [Hg.], Der Wachtturm, 15.07.1965, S. 443 ff

201 Weitere Haftorte waren 1935 Remscheid, Wuppertal, Dortmund und Münster.

202 Weitere Haftorte waren 1938 bis 1940 u. a. Bielefeld, Osnabrück, Halle, Freiberg, Heeselicht, Dortmund, Bochum, Berlin und Görlitz, da er häufig unter strengster Bewachung zu Gegenüberstellungen in anderen Verfahren gebracht wurde.

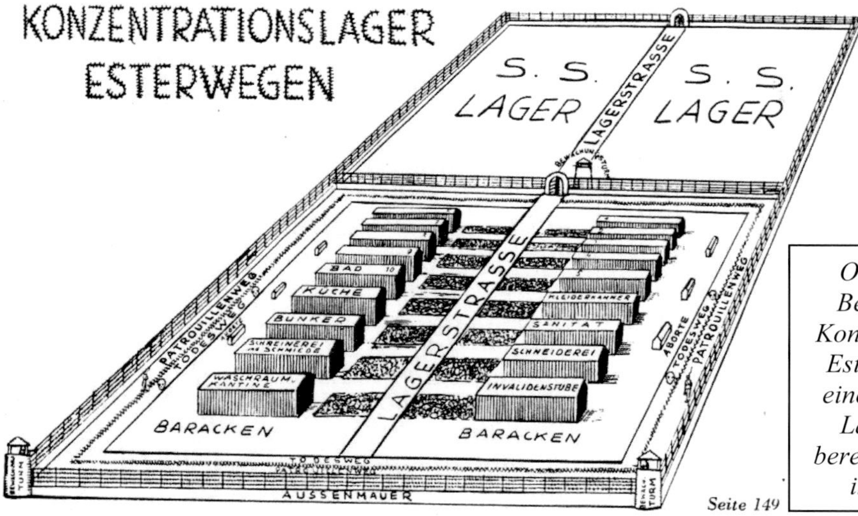

Otto Hartstangs Bericht über das Konzentrationslager Esterwegen, sowie eine Zeichnung des Lagers erschien bereits 1936 anonym im Wachtturm

Straflager nach Narvik (Norwegen) gebracht, wo er das Ende *Bericht über das* des Krieges erlebte.[203] Otto Hartstang kehrte ins Bergische Land zurück und zog später im Alter nach Wipperfürth, um von dort die Gemeinde in Hückeswagen zu unterstützen, in der er bis zum Alter von 91 Jahren aktiv tätig war.[204]

Anna Diener – verfolgt unter zwei deutschen Diktaturen

Im Alter von 18 Jahren begann Anna Krampe 1923 die Zusammenkünfte der Bibelforscher zu besuchen. 1930 ließ sie sich nach Schlesien versetzen, um dort missionarisch tätig zu sein. Nach der Heirat mit Erich Diener im Jahr 1933 setzten beide ihre Tätigkeit als Kolporteure – so nannten Jehovas Zeugen damals Vollzeitprediger – in der Tschechoslowakei fort. Nach der Ausweisung waren sie in Sachsen im Untergrund weiter tätig, bis Anna Diener am 12.06.1940 mit zehn anderen Zeugen Jehovas verhaftet und unter Anwendung von Hypnoseversuchen verhört wurde.

In der Anklageschrift vom 26.11.1940 warf man ihr „gemeinsame Tischgebete“ vor. Weiter hieß es darin: *„Auch besuchte sie als Vertreterin einer Syrupfirma, deren sämtliche ihr bekannte Vertreter IBVer [*Mitglieder der verbotenen Internationalen Bibelforscher-Vereinigung] *waren, ständig die Kundschaft, die vernehmlich aus IBVern bestand“.*[205] Doch das Sondergericht in Halle sprach sie nach 6 Monaten Haft am 20.12.1940 wegen Verfahrensfehlern vonseiten des Untersuchungsrichters frei.[206] Ihre Tochter Marianne war bei der Verhaftung der Mutter erst 5 Jahre alt und musste das halbe Jahr ohne ihre Mutter bei den Großeltern verbringen.

Doch das Ende des NS-Regimes war nicht das Ende der Verfolgung der Familie Diener. Nach dem Verbot der Zeugen Jehovas durch die DDR am 31.08.1950,[207] schmuggelte Anna Diener jahrelang heimlich biblische Literatur von Berlin in die DDR. Am 11.01.1956 durchsuchte die Stasi ihre Wohnung sieben Stunden lang bis zum Abend und teilte ihr mit,

---

[203] Vortrag von Johannes Kessler am 04.11.2014, veranstaltet vom Bergischen Geschichtsverein e. V. (BGV), Abt. Remscheid und verkürzt wiedergegeben in: BGV [Hsg.], Romerike Berge, Heft 2/2019, S. 2 - 17

[204] Telefoninterview des Autors mit Heidemarie Kolhosher, der Tochter von Otto Hartstang am 21.02.2022

[205] Bundesarchiv Berlin-Lichterfelde, Akte R3001 / 184021, Anklageschrift S. 9

[206] Erlebnisbericht Anna Diener, 1971, Jehovas Zeugen Archiv Zentraleuropa, Selters (Taunus). Landesarchiv NRW BR 3008 Nr. 72677

[207] Hans-Hermann Dirksen, „Keine Gnade den Feinden unserer Republik“ - Die Verfolgung der Zeugen Jehovas in der SBZ/DDR, Berlin, 2001, S. 286 ff

Anna Diener (rechts) wurde 1940 verhaftet. Ihre Tochter Marianne (links) erlebte die Verhaftung der Mutter im Alter von fünf Jahren mit.

Der Ehemann von Annas bester Freundin wurde wegen Wehrdienstverweigerung erschossen.

dass ihr Mann am Arbeitsplatz verhaftet worden war. Das war für sie das Zeichen nachts um 4:30 Uhr aus Elsterwerda über Berlin zu ihrer Tochter nach Wermelskirchen zu fliehen. Als die Polizei am nächsten Morgen kam, um auch Anna Diener erneut zu verhaften, fand sie nur noch die leere Wohnung vor. Ihr Mann Erich Diener konnte ihr erst nach viereinhalb Jahren Haft in der DDR folgen. Anna Diener starb 1977. Ihre Tochter Marianne Gotthardt gehört noch heute zur Wermelskirchener Gemeinde von Jehovas Zeugen.[208]

Abschiedsbrief von Willy Höhne vor seiner Hinrichtung

Im Nachlass von Anna Diener in Dhünn fand sich eine Abschrift des Abschiedsbriefes von Willy Höhne, den dieser am Morgen des 07.04.1945 an seine Frau Ella schrieb. Ella Jäning war eine Schulfreundin von Anna und hatte inzwischen Willy Höhne geheiratet. Am 17.12.1938 hatte dieser sich im Betrieb geweigert, dem Winterhilfswerk des NS-Regimes zu spenden. Am 07.07.1939 verzichtete das Justizministerium zugunsten einer Verwarnung zunächst auf eine Anklage.[209]

Doch schon am 20.12.1940 wurde er in einem weiteren Verfahren zu neun Monaten Haft verurteilt – in dem gleichen Prozess, in dem seine Frau Ella, sowie Anna Diener freigesprochen wurden. In der Urteilsbegründung hieß es *„Der Angeklagte Höhne hat sich … dadurch … schuldig gemacht, daß er sich in den Jahren 1939 und 1940 mit dem Angeklagten Kläber … über das Königreich Gottes im Sinne der IBV.-Lehre unterhalten hat."* Dabei berief sich der Richter auf ein erpresstes und widerrufenes Geständnis und argumentierte: *„Für die Richtigkeit des früheren Geständnisses … [spricht] die Tatsache, dass Höhne und Kläber Sich untereinander Kinderwäsche ausliehen. Das ist nach der allgemeinen Lebenserfahrung nur unter Verwandten üblich. … Wenn sie sich trotzdem zu einem solchen Austausch bereit fanden, so bestanden ohne Zweifel zwischen ihnen auch noch Beziehungen anderer Art."*[210]

Anfang 1945 erhielt Willy Höhne die Einberufung zur Wehrmacht. Am 27.01.1945 stellte

---

[208] Telefoninterview des Autors mit Marianne Gotthardt, geb. Diener am 29.03.2021

[209] Bundesarchiv Berlin-Lichterfelde, Akte R3001 / 108132

[210] Bundesarchiv Berlin-Lichterfelde, Akte R3001 / 184021, Urteil S. 2, 27, 33

sich der 42-jährige Vater zweier Söhne den Behörden, wurde erneut verhaftet und am 04.04.1945, wenige Tage vor Kriegsende, wegen Wehrdienstverweigerung zum Tode verurteilt. Am Morgen seiner Hinrichtung schrieb er seiner Frau einen bewegenden letzten Brief:

„Letzter Gruß von Deinem Willy und Vati!

Meine inniggeliebte Frau und Kinder!

Wie ich euch schon … mitgeteilt habe, bin ich am 27.1.45 in Haft genommen worden, weil ich in Grossen zum Herrn Hauptmann erklärt habe, schriftlich und mündlich, vor der Einkleidung, das[s] ich an Jehova den Allmächtigen und an [s]einen Sohn Jesum Christum glaube und darum als Zeuge Jehovas keinen Eid leiste und auch keinen Menschen töten kann, auf Grund meines Glaubens, da ich mit Jehova einen Bund geschlossen habe und das will ich halten. [...] Als die Verhandlung war vorm Standgericht hier [am 4.4.45] und hat vielleicht von 10 – ¾ 11 Uhr gedauert und da wurde ich zum Tode verurteilt, da ich dabei blieb, bei der Aussage, ich kann nicht anders, wenn ich treu sein will. Ich war ruhig und gefaßt, denn der Herr hat mir Kraft und Stärke und seinen Frieden immer gegeben. [...] Darum bitte ich Dich meine inniggeliebte, herzensgute Ella und liebe Kinder, seid nicht traurig und weint bitte nicht, wenn ich nun hier meinen letzten Weg gehe, um erschossen zu werden, heute d. 7.4.45 7 Uhr Früh. [...] Ja ich habe keine Angst davor. Denn der Herr wird bei mir sein, wie er es immer war, ja noch nie habe ich die Kraft des Herrn und seinen Frieden so stark gemerkt, wie jetzt und alle Furcht ist von mir gewichen. [...] so der Herr will, werde ich dir alles erzählen in der Auferstehung. [...] Nun liebe Ella! Erziehe die Kinder nach Gottes Wort. [...] Bitte den Herrn stets um seine Führung und Leitung und möchtest Du, soweit es möglich ist, mit allen Menschen in Frieden leben. Lieber Unrecht leiden, als Unrecht tun. [...] Nun liebe Ella und Kinder seid herzlich gegrüßt und geküßt von Deinem treuen Willy und Vati, bis auf ein Frohes Wiedersehen und tröstet und liebt Euch im Herrn untereinander“.[211]

In der deutschen Ausgabe des Wachtturms vom 01.12.1939 erklärten Jehovas Zeugen die Gründe für ihre neutrale Haltung. Mindestens 282 Wehrdienstverweigerer wurden erschossen.

Für den Glauben gestorben

Jehovas Zeugen verweigerten als Gesamtheit den Wehrdienst und stützten sich dabei auf Bibelworte wie „Du sollst nicht töten“ (2. Mose 20,13) oder „sie werden ihre Schwerter zu Pflugmessern schmieden, *[...]* und sie werden den Krieg nicht mehr lernen“ (Jesaja 2,4). Kurz nach Kriegsbeginn erschien am 01.12.1939 eine besondere Ausgabe der Zeitschrift *„Der Wachtturm“*, die auf 10 der insgesamt 16 Seiten das Thema „Neutralität“ behandelte. Das NS-Regime reagierte regelmäßig mit Todesstrafen für Wehrdienstverweigerer.

Die letzte Vollstreckung eines Todesurteils des Volksgerichtshofs in einem Bibelforscherverfahren

[211] Privatbesitz von Marianne Gotthardt, Wermelskirchen

In Solingen, Kirschbaumer Straße 9, erinnert ein Stolperstein an Erich Hammesfahr, der 1940 im KZ Sachsenhausen verstarb

betraf die bereits erwähnte 32-jährige Mathilde Hengeveld aus **Solingen**-Wald. Sie wurde am 04.08.1944 zusammen mit ihrem Ehemann Wilhelm wegen „Wehrkraftzersetzung in Verbindung mit landesverräterischer Begünstigung des Feindes" zum Tod verurteilt und am 12.01.1945 in Berlin-Plötzensee enthauptet.[212] Ein Stolperstein erinnert an ihrem letzten Wohnort in der Düsseldorfer Straße 124 in Mettmann an sie.

Insgesamt überlebten vier Zeugen Jehovas aus Solingen die Haft nicht. So starb der 69-jährige August Schlüter 1943 aufgrund der unmenschlichen Haftbedingungen. Um die vielen Toten in den Konzentrationslagern zu verheimlichen, unterhielt die SS in vielen KZs eigene Standesämter, deren Aufgabe einzig darin bestand, Totenscheine auszustellen. Mit Totenschein datiert vom 22.02.1940 wird der Tod des Solinger Zeugen Jehovas Erich Hammesfahr bescheinigt.[213] Der 32-Jährige war 1936 verhaftet und wegen Verteilung von Flugblättern zu drei Jahren Gefängnis verurteilt worden. Nach Verbüßung seiner Strafe wurde er in „Schutzhaft" genommen und im Januar 1940 wegen „Zersetzung der Wehrkraft" ins KZ Sachsenhausen eingeliefert, wo er bereits einen Monat später verstarb. In Solingen erinnert ein Stolperstein in der Kirschbaumer Straße 9 an Erich Hammesfahr.

Auch von den inhaftierten Zeugen Jehovas in **Wuppertal** überlebten fünf die Haft nicht. So starb der 60-jährige Walter Becker schon wenige Tage nach der Einlieferung in das KZ Esterwegen im August 1935. Johann Maischatz, der seit 1936 nacheinander die Konzentrationslager in Sachsenhausen, Mauthausen und Neuengamme überlebt hatte, starb mit 53 Jahren am 24.09.1942 im Konzentrationslager Dachau.[214]

Der aus Barmen gebürtige Konditor Max August Grote verstarb mit 58 Jahren am 21.10.1940 im Gefängnis Hamburg-Fuhlsbüttel, wo jetzt ein Stolperstein in der von-Essen-Straße 53 an ihn erinnert. Er hatte sich mit insgesamt 3459 Zeugen Jehovas am 12.12.1936 zwischen 17:00 und 19:00 Uhr an der reichsweiten Verteilung einer auf einem Kongress in Luzern (Schweiz) verabschiedeten Resolution beteiligt, in der die Verfolgung der Zeugen Jehovas scharf verurteilt wurde. Nach einer weiteren geheimen Aktion, der Verbreitung des Flugblattes „Offener Brief – An das bibelgläubige und Christus liebende Volk Deutschlands" am 20.06.1937 war er kurze Zeit später verhaftet und wegen „staatsfeindlicher Betätigung" zu vier Jahren Haft verurteilt worden, die er nicht überlebte.

---

[212] Detlef Garbe, Zwischen Widerstand und Martyrium – Die Zeugen Jehovas im „Dritten Reich", 1997, S. 348, 351

[213] Sterbebucheintragungen 1.1.38 / 4119161, ITS Digital Archive, Arolsen Archives

[214] Leichenschauschein Johann Maischatz Dachau 1.1.6 / 10187735, ITS Digital Archive, Arolsen Archives

RESOLUTION

JEHOVAS ZEUGEN, die sich nun in Luzern, Schweiz, versammelt haben, sind von vielen Teilen der Erde zusammengekommen, um Jehova im Geist und in der Wahrheit anzubeten und um dem allmächtigen Gott, dessen Name allein Jehova ist, für seine vielen Segnungen zu danken.

Indem wir wissen, daß Jehova immer treulich seine Verheißungen erfüllt, und daß er vor vielen Jahrhunderten versprach, auf Erden sein Königreich der Gerechtigkeit mit Christus Jesus als dem rechtmäßigen Herrscher der Welt aufzurichten, und wir nun aus der Erfüllung der Prophezeiung erkennen, daß der Tag des Königreiches Jehovas herbeigekommen ist, freuen wir uns des Vorrechtes, seine Knechte und Zeugen zu sein und erklären unsere bedingungslose Treue dem Allmächtigen und seinem Königreich gegenüber. Es ist unsere Freude, der leidenden Menschheit zu verkünden, daß Gottes Königreich unter Christi Herrschaft die e i n z i g e Hoffnung des Volkes ist.

Wir heben die Tatsache hervor, daß Satan der große Feind all derer ist, die Jehova Gott dienen, und daß er, Satan, sich zu allen Zeiten der Religionsvertreter bedient hat, um die, die Gott im Geist und in der Wahrheit anbeten, zu bekämpfen und zu verfolgen. Aus diesem Grunde sind viele wahre Nachfolger Christi Jesu verhindert, an diesem Kongreß teilzunehmen, da sie in Deutschland und an anderen Orten in Haft gesetzt worden sind, nicht weil sie etwas Böses getan hätten, sondern weil sie Gott und Christus Jesus dienen und, Gottes Gebot gemäß, sein Wort und sein Königreich verkündigen.

Das Gesetz Gottes ist das höchste Gesetz. Gott ist erhaben über allem, und gleichwie Jesus und die Apostel Gott vor allen Dingen und zu allen Zeiten dienten und bezeugten, dies tun zu wollen, so erklären auch wir, daß wir Gott mehr gehorchen wollen als den Menschen.

Wir rufen alle gutgesinnten Menschen auf, davon Kenntnis zu nehmen, daß Jehovas Zeugen in Deutschland, Österreich und anderswo grausam verfolgt, mit Gefängnis bestraft, und auf teuflische Weise mißhandelt und manche von ihnen getötet werden. Alle diese verruchten Taten werden gegen sie von einer grausamen, heimtückischen und bösen Macht verübt, wozu diese durch jene religiöse Organisation, nämlich die römisch-katholische Hierarchie, welche viele Jahre lang das Volk getäuscht und den heiligen Namen Gottes gelästert hat, veranlaßt wird. Die Hitlerregierung, die von den Jesuiten der römisch-katholischen Hierarchie unterstützt und beeinflußt wird, hat wahren Christen jede Art grausamer Bestrafung auferlegt und fährt fort dies zu tun, gleichwie auch Christus Jesus und seine Apostel um der Gerechtigkeit willen verfolgt wurden. Jehova Gott hat seinen Knechten befohlen, diese Bösen (Hesekiel 33: 8, 9) zu warnen, damit die volle Verantwortung für ihr verkehrtes Handeln auf ihnen selbst ruhe. Aus diesem Grunde lassen wir heute die Warnung an die Herrscher in Deutschland, an die römisch-katholische Hierarchie und an alle ähnlichen Organisationen, die die wahren und treuen Nachfolger Christi Jesu grausam verfolgen, ergehe daß ihr Geschick, nach Gottes Wort, vollständige Vernichtung sein wird (Psa 145: 20). In Matthäus 25 verkündet Jesus Christus das Gericht Jehovas über a solche ruchlosen Verfolger, die die wahren Nachfolger und Brüder Christi Je verfolgen, in folgenden Worten: „Insofern ihr es einem der geringsten dies meiner Brüder getan habt [grausam mißhandelt], habt ihr es mir getan. Geh von mir, Verfluchte, in das ewige Feuer, das bereitet ist dem Teufel und sein Engeln. Und diese werden hingehen in die ewige Strafe [der Vernichtung] Wir erheben scharfen Protest gegen die grausame Behandlung der Zeug Jehovas durch die römisch-katholische Hierarchie und ihre Verbündeten Deutschland und in allen anderen Erdteilen, aber wir überlassen gerne d Ausgang dieser Sache völlig der Hand des Herrn, unseres Gottes; denn na seinem Worte wird er ihnen volle Vergeltung zuteil werden lassen.

Wir weisen alle Menschen darauf hin, daß, wenn sie leben möchten, sie si weigern müssen, den Religionsvertretern, die die wahren Nachfolger Chri Jesu verfolgen, zu helfen und sie zu unterstützen, und daß sie auf der Sei der Gerechtigkeit Stellung nehmen und folgende Worte Jehovas beherzig müssen: „Siehe, mein Knecht, den ich erwählt habe ... Er wird den Nation Gericht ankündigen ... Und auf seinen Namen werden die Nationen hoffe (Matthäus 12: 18–21).

Als Nachfolger Christi beteiligen wir uns n i c h t an den politischen Angelege heiten dieser Welt; auch besitzen wir k e i n Interesse daran. Unser e i n z i g e Zweck und Auftrag besteht darin, den Namen und das Königreich Gottes unt Christus bekanntzumachen, damit die Menschen darüber Klarheit erhalt und in völliger Kenntnis der Sachlage entscheiden können, wem sie dien wollen.

Wir senden herzliche Grüße an unsere verfolgten Geschwister in Deutschla und bitten sie, guten Mutes zu sein und sich völlig auf die Verheißungen d allmächtigen Gottes, Jehova, und auf Christus zu verlassen und der Worte Je zu gedenken, wenn er sagte: „G[illegible] aber, sollte er das Recht seiner Auserwählt nicht ausführen? Ich sage euch, daß er ihr Recht schnell ausführen wir (Lukas 18: 7, 8), und ferner der Worte des Herrn Jesus, die an seine treu Knechte gerichtet sind: „Sei getreu bis zum Tode, und ich werde dir d Krone des Lebens geben" (Offenbarung 2: 10). Gesegnet ist dein Los, d du um des Namens Jehovas und um seines Königreiches willen so viele Leid erdulden darfst.

Der ewige Friede, die ewige Freude und das ewige Leben des Volkes lieg völlig in der Hand des großen „Friedefürsten", dessen Regierung in Fried und Gerechtigkeit herrschen wird (Jesaja 9: 6, 7; 32: 1).

ES WIRD BESCHLOSSEN, je eine Abschrift dieser Resolution an Herrn Hitl und an den Papst in der Vatikanstadt, dem Haupt der römisch-katholisch Hierarchie, zu senden.

Mitteleuropäischer Kongreß der Zeugen Jehov
Luzern
(Tagung vom 4. bis 7. September 1936)

6625 Imprimé en Suisse. TOUR DE GARDE Ber

Unter Lebensgefahr machten Jehovas Zeugen im Bergischen Land die grausame Verfolgung öffentlich, indem sie am 12.12.1936 diese auf einem Kongress in Luzern (Schweiz) verabschiedete Resolution verbreiteten.

Der gelernte Buchhalter Bernhard Döllinger aus Elberfeld war im KZ Bad Gandersheim, einem Außenlager des KZ Buchenwald in der ehemaligen Klosterkirche interniert. Am 04.04.1945 wurde das KZ durch einen Todesmarsch evakuiert. Die 450 ausgemergelten Häftlinge mussten an diesem Tag die 20 km lange Strecke nach Bad Grund marschieren, 400 Höhenmeter hinauf. Am Abend erhalten die völlig entkräfteten Häftlinge nichts, als Hundekuchen zu essen, was zu beträchtlichen Problemen mit Durchfall führte. Noch mehr entkräftet begann am folgenden Tag der Marsch aufs Neue. Der 55-jährige Bernhard Döllinger war völlig erschöpft. Kameraden hoben ihn auf einen Karren, doch der Transportführer zerrte ihn sofort wieder herunter. Kurz darauf musste Döllinger austreten, da er in der Nacht von den Hundekuchen Durchfall bekommen hatte. Dabei wurde er von einem SS-Mann von hinten heimtückisch erschossen und in einen Schacht geworfen.[215] Der SS-Mann wurde 1949 für den Mord zu vier Jahren Gefängnis verurteilt, kam aber schon nach 14 Monaten wieder frei.

Auch aus **Leverkusen** überlebten vier Zeugen Jehovas ihre Haft nicht. Dazu gehörte der Elektromonteur Sylwester Marchiwinski (1912-1945), der in Leverkusen-Wiesdorf geboren wurde. Er wurde am 06/07.06.1944 verhaftet und am 29.09.1944 in das KZ Mauthausen in

[215] Joachim Neander, Die Ermordung der „Bibelforscher" auf dem Todesmarsch des KZ Gandershausen, in: Südniedersachsen 1/99, S. 7ff

Häftlings-personalkarte aus dem Konzentrationslager Buchenwald:

Bernhard Döllinger wurde während eines Todesmarsches erschossen

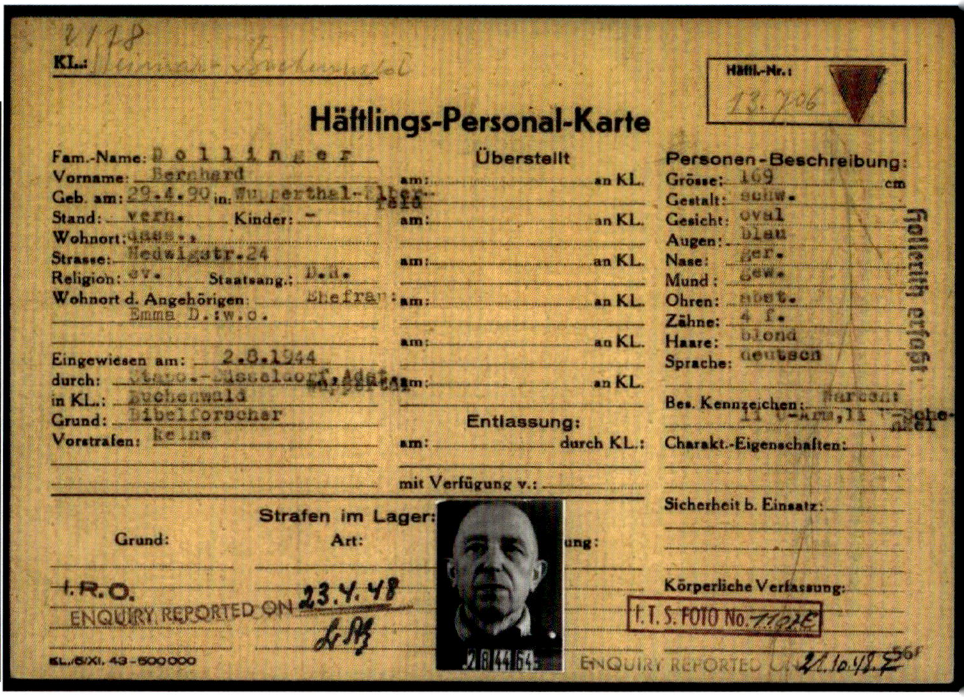
KL.: Weimar-Buchenwald

Häftl.-Nr.: 13.706

Häftlings-Personal-Karte

Fam.-Name: Dollinger
Vorname: Bernhard
Geb. am: 29.4.90 in: Wuppertal-Elberfeld
Stand: verh. Kinder: –
Wohnort: dass.
Strasse: Hedwigstr. 24
Religion: ev. Staatsang.: D.R.
Wohnort d. Angehörigen: Ehefrau: Emma D.: w.o.
Eingewiesen am: 2.8.1944
durch: Stapo.-Düsseldorf, Ast. Wuppertal
in KL.: Buchenwald
Grund: Bibelforscher
Vorstrafen: keine

Überstellt

Entlassung:

Strafen im Lager:

Grund: Art:

I.R.O. ENQUIRY REPORTED ON 23.4.48

Personen-Beschreibung:
Grösse: 169 cm
Gestalt: schw.
Gesicht: oval
Augen: blau
Nase: ger.
Mund: gew.
Ohren: abst.
Zähne: 4 f.
Haare: blond
Sprache: deutsch
Bes. Kennzeichen: Narben: li U-Arm, li Schenkel
Charakt.-Eigenschaften:
Sicherheit b. Einsatz:
Körperliche Verfassung:

I.T.S. FOTO No.

Hollerith erfasst

ENQUIRY REPORTED ON 21.10.48

Österreich eingewiesen, wo er völlig erschöpft am 10.04.1945 mit nur 32 Jahren verstarb.[216]

Die Wohnung des Schlossers Hermann Moog (1900-1945) wurde erstmals 1935 durchsucht.[217] Am 08.02.1939 wurde er erstmals wegen Bezugs von Zeitschriften festgenommen, jedoch am 02.05.1939 freigesprochen.[218] Da in seiner Wohnung eine illegale Bibelstunde stattgefunden hatte, wurde er und seine Ehefrau Katharina Moog (genannt Käthe; 1902-1956) am 12.06.1940 erneut verhaftet. Käthe Moog wurde als haftunfähig eingestuft, am 09.07.1940 entlassen und am 05.07.1941 freigesprochen. Dennoch nahm man ihr ihre vier minderjährigen Kinder weg. Ihr Mann wurde jedoch nicht entlassen, sondern in Schutzhaft genommen und in das KZ Neuengamme bei Hamburg überführt. Dort erfolgte im April 1945 der Befehl das Lager zu evakuieren und die Gefangenen in die Lübecker Bucht marschieren zu lassen. Dort wurden sie dann auf Schiffe gebracht, die in der Ostsee versenkt werden sollten, um dadurch die Gefangenen zu töten. Hermann Moog war einer von 5000 Häftlingen an Bord des Dampfers Cap Arcona. Da das Schiff noch die Kriegsfahne gehisst hatte, wurde es bei einem Luftangriff der britischen Streitkräfte in Brand geschossen und sank. Die meisten Gefangenen starben in der 8°C kalten Ostsee. Auch Hermann Moog überlebte das Unglück nicht.[219]

Die brennende Cap Arcona in der Lübecker Bucht

---

216 Häftlingsunterlagen, KZ Mauthausen 01012603 / 1611694, ITS Digital Archive, Arolsen Archives

217 Landesarchiv NRW Gerichte Rep. 114, Nr. 454, Bl. 99 ff

218 Landesarchiv NRW Gerichte Rep. 112, Nr. 17757, Bl. 78, 85 ff, 122

219 Stadtarchiv Leverkusen, Entschädigungsakte 4010-4921

Frieda Schulz (1895-1945) traf sich mit Anna Schröder und Anna Paul (geb. 1899), um zusammen das Abendmahl anlässlich des Todestages von Jesus zu feiern. Dafür wurden die drei Frauen zu jeweils einem Monat Haft verurteilt, die Frieda Schulz vom 18.11.1935 bis 19.12.1935 in Düsseldorf verbüßte. In der Urteilsbegründung vom 15.10.1935 hieß es: *„Bei einer polizeilichen Kontrolle am 17. April 1935 anlässlich der Gedächtnisfeier Jesu Christi trafen die Beamten in der Wohnung der Angeklagten Ehefrau Paul die Angeklagten Ehefrau Schröder und Schulz beim Matzenessen und Weintrinken."*[220] Wie Hunderte andere Zeugen Jehovas beteiligte sich Frieda Schulz nach ihrer Freilassung an einer reichsweiten Protestaktion, indem sie am 20.06.1937 einen „Offenen Brief" in Köln verbreitete. Am 25.06.1937 wurde sie deswegen erneut verhaftet und vom OLG Köln zu 6 Monaten Haft verurteilt. Ihr Mann, der ihren Glauben nicht teilte, beauftragte daraufhin einen Anwalt mit der Scheidung.[221] Nach Ende der offiziellen Haft wurde Frieda Schulz zunächst in das Frauenkonzentrationslager Moringen und dann am 21.02.1938 in das KZ Lichtenburg gebracht. Dort traf sie auf mehrere Hundert weitere Zeuginnen Jehovas. Mit einigen von ihnen war sie im Schlafsaal 194 untergebracht. Im Nachlass von Gertrud Hartmann fand sich ein Gedicht, in dem einige der Frauen aus diesem Schlafsaal näher beschrieben wurden. Über das Schnarchen von Frieda Schulz heißt es in dem Gedicht liebevoll:

Leise zieht durch mein Gemüt
ein Geräusch, wenn Schlaf mir flieht.
Es grunzt so lieblich und so leis,
wenn Friedel nichts im Schlafe weiß.[222]

Vom KZ Lichtenburg wurde Frieda Schulz in das KZ Ravensbrück gebracht und schließlich in das KZ Bergen-Belsen überstellt. Dort starb sie noch am 15.04.1945, an dem Tag, an dem das KZ durch die britische Armee befreit wurde.

Christenverfolgung in Zahlen

Aus **Wermelskirchen** sind bisher 36 Zeugen Jehovas bekannt, die von dem NS-Regime verfolgt wurden. 21 von ihnen wurden wegen ihres Glaubens inhaftiert, davon 7 in einem oder mehreren Konzentrationslagern. Allein 17 Inhaftierte waren insgesamt über 41 Jahre (498 Monate) in Haft. Dies schließt auch Martha Wolf (geb. 1900) ein, die am 08.05.1936 in Schutzhaft genommen wurde und am 09.07.1936 vom Sondergericht Breslau zu 2 Monaten Haft verurteilt wurde. Auch nach Verbüßung der Haft am 15.10.1936 verbreitete sie weiterhin illegal Schriften der Zeugen Jehovas. 1947 kam sie dann als Flüchtling nach Wermelskirchen, wo sie zunächst von Familie Oberhoff aufgenommen wurde.[223]

Auch Johannes (Hans) Otto Lange (1901-1982) kam als Flüchtling nach Wermelskirchen, wo er in der Talsperre 21 wohnte. Bereits im April 1933 war seine Wohnung im Bayrischen Wald von der Polizei durchsucht und seine biblische Literatur beschlagnahmt worden. Einige Wochen später wurde diese in Cham öffentlich verbrannt. Darauf verlegte er mehrfach seinen Wohnsitz. Weil er zu Ostern 1934 heimlich eine Zusammenkunft in Bodenbach in der Eifel besucht hatte, wurde er bei einem Besuch in Bonn für drei Tage eingesperrt. Dann wurde er freigelassen, da sein Fall unter eine Amnestie fiel. Danach

---

[220] Abschrift des Urteils vom 15.10.1935, Bl. 10, Landesarchiv NRW Gerichte Rep. 114 Nr. 453. Siehe dort auch Gerichte Rep. 88 Nr. 607 und Gerichte Rep. 114 Nr. 454

[221] Landesarchiv NRW Gerichte Rep. 112 Nr. 17642

[222] Gedicht „In der Lichtenburg, Schlafsaal 194", Jehovas Zeugen Archiv Zentraleuropa, Selters (Taunus)

[223] Stadtarchiv Leverkusen, Entschädigungsakte 4010-4862

wohnte er einige Zeit in Dresden, wo seine Post überwacht wurde.[224] 1936 gelang es ihm einen Kongress der Zeugen Jehovas in Luzern zu besuchen. Vergeblich versuchte er weiter nach Spanien zu reisen, um dort zu predigen. Schließlich zog er nach Siebenlehn (Sachsen), wo er in der NS-Zeit unbehelligt blieb, in der DDR aber schließlich wegen seines Glaubens erneut verhaftet wurde. Er floh nach Wermelskirchen, wo er die letzten Jahre seines Lebens verbrachte.[225]

Hermann Schröder (geb. 1871) war ein selbständiger Schuhmacher, der ab 1918 in Wermelskirchen wohnte. Er verlor nach seinem Umzug nach München sein Geschäft und seine Zusatzrente. Am 21.12.1942 wurde er eingesperrt und angeklagt in seiner Wohnung 5 – 6 mal Bibelbesprechungen durchgeführt zu haben. In der Verhandlung vor dem Sondergericht München am 09. und 10.02.1944 gab er zu Protokoll, dass er aufgrund der Tatsache, dass er schwer höre, nicht an den Besprechungen teilgenommen haben könnte. Da dies nicht widerlegt werden konnte, wurde er freigesprochen und schließlich am 18.02.1944 freigelassen.[226]

„Aus dem Rachen des Löwen gerettet" war der Titel der Zeitschrift „Trost" vom 01.09.1945, in der Jehovas Zeugen über ihre Befreiung berichteten

Von mindestens 9 weiteren Personen aus Wermelskirchen ist bekannt, dass sie Opfer von Hausdurchsuchungen und Beschlagnahmungen wurden, oder dass ihnen die staatliche Unterstützung bzw. die Wohnung entzogen wurde. Dies schließt den in Dabringhausen geborenen August Selbach (geb. 1875) ein, der vor dem Verbot Bibelforscherlieder im Eigenverlag herausgegeben hatte. Seine Frau Marta (Marthe) Selbach (geb. 1879) und er waren bereits vor 1914 Bibelforscher geworden. 1937 durchsuchte die Polizei ihre Wohnung.[227] Auch die Wohnung des Ehepaars Hugo und Hulda Oberhoff, die in Eich 52 ein Malergeschäft betrieben, wurden von der Polizei durchsucht. [228] Zu den Verfolgungsopfern gehörten außerdem 6 Kinder, die teilweise jahrelang ohne ihre Eltern auskommen mussten.[229]

Auch aus **Radevormwald** sind 19 Zeugen Jehovas bekannt, die nach unvollständigen Angaben insgesamt mindestens 11 Jahre (132 Monate) in Haft verbringen mussten, sowie 3 minderjährige Kinder, die eine Zeitlang ohne ihre Eltern aufwachsen mussten. Zusätzlich zu den bereits genannten Personen wurde der Buchbinder Erwin Mühlhoff (1901-1982) vom Landgericht Hagen am 20.12.1935 zu einer 6-wöchigen Haftstrafe verurteilt, die er ab dem 03.02.1936 in Schwelm verbüßte. Er verlor deshalb auch seinen Arbeitsplatz in

---

224 SächsStA-D, Bestand 10789 Polizeipräsidium Dresden, Akten-Nr. 313, Bl. 13-17

225 Erlebnisbericht, Jehovas Zeugen, Archiv Zentraleuropa

226 Urteilsschrift vom 10.02.1944: HStA München (Staatsanwaltschaft 3434). VZ Schröder, Jehovas Zeugen, Archiv Zentraleuropa

227 Verhörprotokoll, Landesarchiv NRW GR 114 Nr. 6882, S. 18 ff

228 Landesarchiv NRW Gerichte Rep. 112 Nr. 6882

229 Im Stadtarchiv Leverkusen findet sich unter der Nr. 4010-4915 zusätzlich die Entschädigungssakte Hummel, in der der Antragsteller angibt, 1944 für 3 Tage inhaftiert worden zu sein, weil er seit 1903 Kontakt zu den Bibelforschern gehabt hatte. Diese ist in obigen Zahlen nicht berücksichtigt, da der Antragsteller angab, bereits vor 1933 ausgetreten zu sein.

Schwelm, wurde 1936 in Hagen erneut kurz verhaftet und zog 1939 nach Radevormwald.[230] Aus **Hückeswagen** sind bisher nur die beiden zuvor beschriebenen Frauen Auguste Schaumburg und Klara Staller bekannt. Wie ebenfalls zuvor beschrieben stammte Karl Ohm aus **Wipperfürth** und der Remscheider Otto Hartstang verbrachte seine letzten Lebensjahre in Wipperfürth.

Aus **Remscheid** sind darüber hinaus bisher insgesamt 55 inhaftierte Zeugen Jehovas bekannt, die zusammen mindestens 41 Jahre (501 Monate) inhaftiert waren, sowie zwei verfolgte Minderjährige und ein weiterer Mann, der wegen seines Glaubens, seinen Arbeitsplatz verlor. Zu den Inhaftieren gehört der gebürtige Remscheider Maurermeister Ferdinand Weinen (1900-1983), der im vom Völkerbund verwalteten Saargebiet zunächst seinen Glauben unbehelligt fortführen konnte. Nach der Volksabstimmung und Rückgliederung des Saargebiets in das Deutsche Reich 1935 wurde er jedoch im folgenden Jahr zu 8 Monaten Haft verurteilt. Am 31.07.1940 wurde er zum zweiten Mal verhaftet. Er verlor das Sorgerecht für sein Kind und wurde zunächst im Zuchthaus Werl inhaftiert. Am 12.02.1941 wurde er nach Lingen überstellt und war dann vom 28.05.1943 bis Kriegsende im Straflager Börgermoor im Emsland eingesperrt.[231]

Auch der Maurer Max Hollweg (1910-2003) ist ein gebürtiger Remscheider. Er wurde am 07.07.1938 in Schutzhaft genommen und am 24.09.1938[232] zusammen mit Kriminellen in einem geschlossenen Kastenwagen in das KZ Buchenwald (Häftlingsnummer 4354) gebracht, wo ihm bereits am ersten Tag mehrere Zähne ausgeschlagen wurden. Für fast 200 Häftlinge gab es nur 7 Waschkübel Wasser zum Waschen im Freien in der Herbstkälte. Mit den Fingernägeln zwickte er die Stacheln von Ackerdisteln ab, um überhaupt etwas essen zu können. Er überlebte eine Leistenbruchoperation ohne Betäubung und Ende 1939 auch eine Scheinexekution. Am 25.05.1940 wurde er mit 88 anderen Zeugen

Oben: Max Hollweg gehörte zu den 41 Zeugen Jehovas, die das KZ Wewelsburg überlebten.
Links: 1997 schrieb er ein Buch über seine Erlebnisse in den Konzentrationslagern.

[230] Stadtarchiv Leverkusen, Entschädigungsakte 4010-4917

[231] Karteikarten Sicherungsanstalt Werl 1.2.2.1 / 11648939, ITS Digital Archive, Arolsen Archives; Korrespondenzakte 6.3.3.2 / 109868405, ITS Digital Archive, Arolsen Archives

[232] Personalkarte 6112353, ITS Digital Archive, Arolsen Archives

Jehovas zu einem Außenkommando in der Wewelsburg überführt.[233] Dort vervielfältigten die Zeugen ins Lager geschmuggelte Ausgaben des Wachtturms und andere biblische Literatur. Bei Kriegsende plante die SS die Erschießung der letzten 43 Häftlinge, alles Zeugen Jehovas. Doch durch ein Wunder überlebten sie alle. 1997 veröffentlichte Max Hollweg dann seine 160seitige, lesenswerte Autobiografie.[234]

Bereits vor dem Verbot bestanden enge Verbindungen zwischen den Gemeinden der Zeugen Jehovas in Wermelskirchen und **Leverkusen**. In Leverkusen sind 33 Opfer der NS-Verfolgung bekannt, darunter auch die hohe Zahl von 14 Minderjährigen. Zwei von ihnen wurden ihren Eltern weggenommen und in Pflegeheime gebracht. So wurde eine 7jährige Halbwaise für 5 Jahre von ihrer Mutter getrennt. 17 erwachsene Zeugen Jehovas aus Leverkusen wurden inhaftiert. Die 16 Personen deren Haftdaten zumindest teilweise bekannt sind wurden insgesamt für fast 56 Jahre (670 Monate) eingesperrt.

Auch in **Solingen** wurden 17 Zeugen Jehovas insgesamt für fast 22 Jahre (263 Monate) inhaftiert, 3 weitere bekamen eine Geldstrafe, eine Frau wurde freigesprochen und 2 Minderjährige litten ebenfalls unter der Verfolgung. In **Wuppertal** wurden mindestens 88 Zeugen Jehovas verfolgt, darunter 2 Minderjährige. Die 80 Inhaftierten verbrachten mehr als 68 Jahre (818 Monate) in Haft.

Professor Gerhard Besier fasste den Forschungsstand 2018 wie folgt zusammen: *„Von den etwa 25.000 Zeugen Jehovas in NS-Deutschland wurden ca. 10.700 unmittelbar verfolgt und rund 8.800 inhaftiert. Etwa 1000 Deutsche verloren unter der NS-Verfolgung ihr Leben. Insgesamt waren 1250 bei Verfolgungsbeginn noch minderjährig. Rund 600 kamen von den Eltern weg in NS-Fürsorgeerziehung, erhielten einen regimetreuen Vormund oder sollten nach ihrer Verschleppung „germanisiert" werden. Mindestens 548 starben durch Hinrichtung oder bewusste Tötung."*[235]

Wiederaufbau nach Jahren der Untergrundtätigkeit

Nach dem Ende der NS-Herrschaft und der Befreiung aus den Konzentrationslagern gingen die Zeugen Jehovas bereits 1945 daran, sich neu zu organisieren. In **Wermelskirchen** fanden die Zusammenkünfte wie schon in den 1920er Jahren in der Gaststätte Kesper in Schwanen 1 statt. Vom 26. bis 28.11.1948 war die Gemeinde in Wermelskirchen dann in einem Lokal in der Unterstraße sogar Gastgeber eines Kongresses für verschiedene Gemeinden aus dem Bergischen Land.[236] Von jenem Jahr bis in die 1960er Jahre betreute die Wermelskirchener Gemeinde dann auch die Gläubigen in Hückeswagen, Wipperfürth, Burscheid und Opladen und organisierte dort regelmäßig Predigtausflüge bis in diesen Orten eigene Gemeinden gegründet wurden. 1958 stellte die Stadt Wermelskirchen ein Baugrundstück in der Nordstraße 4 zur Verfügung. Ein ansprechender Königreichssaal – so nennen Jehovas Zeugen ihre Kirchengebäude – wurde überwiegend in Eigenleistung gebaut. Da die bisher genutzten Räumlichkeiten am 27.08.1959 anderweitig genutzt wurden, fand ein erster Gottesdienst an diesem Tag im

---

[233] Bis zum 31.08.1941 war die Wewelsburg ein Außenlager des KZ Sachsenhausen und Max Hollweg hatte die Häftlingsnummer 25280. Vom 01.09.1941 bis zum 30.04.1943 war sie ein eigenständiges KZ und Max Hollweg trug die Häftlingsnummer 89. Vom 01.05.1943 war sie ein Außenlager des KZ Buchenwald, so dass Max Hollweg dann die Häftlingsnummer 13573 erhielt: Personalkarte 6112354, ITS Digital Archive, Arolsen Archives

[234] Max Hollweg, Bielefeld, 1997, Es ist unmöglich von dem zu schweigen, was ich erlebt habe, S. 68, 72, 75, 78, 86, 126, 127, 139

[235] Gerhard Besier / Katarzyna Stoklosa [Hgg], 2018, Jehovas Zeugen in Europa – Geschichte und Gegenwart Bd. 3 S. 188

[236] Jehovas Zeugen veranstalten dreimal jährlich oft mehrtägige Kongresse, bei denen sich die Gemeinden einer Region ähnlich wie bei einem Kirchentag zum Gottesdienst treffen.

Wermelskirchener Laienspielgruppe bei der Aufführung eines Theaterstücks über das Bibelbuch Nehemia vor 7205 Zuschauern in der Kölner Sporthalle am 07.08.1983

noch unfertigen Rohbau statt. Bei der offiziellen Bestimmungsübergabe am 28.03.1960 waren auch Vertreter der Stadt anwesend.[237] Die Festansprache wurde von Konrad Franke aus dem Zweigbüro der Zeugen Jehovas in Wiesbaden gehalten, der selbst auch mehr als 9 Jahre wegen seines Glaubens inhaftiert war, davon 4 Jahre im KZ Sachsenhausen.[238]

In den 1970er und 1980er Jahren führte eine Gruppe von bis zu 60 Laienschauspielern aus Wermelskirchen jährlich Bibelberichte in kostümierten Theateraufführungen bei ihren jährlichen Kongressen auf, die meist in der Dortmunder Westfalenhalle stattfanden. 1979 führten sie die Geschichte der 40-jährigen Wüstenwanderung der Israeliten nach dem Auszug aus Ägypten nicht nur bei dem Kongress in Dortmund, sondern auch noch in Münster auf. Im Sommer 1981 spielte die Wermelskirchener Gemeinde ein Stück aus dem Leben des biblischen Königs David vor, welches von 27.014 Zuschauern im Fußballstadion des Vereins Borussia Dortmund gesehen wurde. Die Leitung der Darbietung hatte damals der Schwiegersohn von Friedrich Brosius, Dieter Eichhorn, dessen Vater, Ludwig Heinrich Eichhorn (1899-1975) selbst ebenfalls 8 Jahre und 1 Monat meist zusammen mit Friedrich Brosius im KZ Buchenwald inhaftiert war.[239]

In Hückeswagen erfolgte die Reorganisierung von Jehovas Zeugen durch Flüchtlinge, die 1946 aus Schlesien kommend in einem Flüchtlingsheim in **Wipperfürth** untergebracht waren. Zu ihnen gehörte der Marmorfräser Helmut Reinert (1907-1989), der bereits am 04.03.1934 wegen seiner religiösen Überzeugung von der Gestapo für zwei Monate in Schutzhaft genommen worden war. Damals hatte er noch nicht einmal die von Jehovas Zeugen praktizierte Erwachsenentaufe empfangen, durch die jemand offiziell ein Mitglied der Religionsgemeinschaft wird. Dennoch wurde er vom Sondergericht in Breslau zu 7 Monaten Haft verurteilt, die er vom 01.10.1936 bis zum 01.04.1937 ableistete.[240] Nach dem Krieg kam er als Flüchtling nach Wipperfürth und organisierte mangels passender Räumlichkeiten zunächst Zusammenkünfte in einem Wald. Nachdem ihm eine kleine Wohnung zugewiesen worden war, kam die kleine Gruppe der Zeugen Jehovas dort zusammen, um gemeinsam Gottesdienste abzuhalten und zu singen. Ab dem folgenden Jahr versammelten sich die nun etwa 25 Gläubigen in einer gemieteten Holzbaracke in Wipperfürth-Ohl und es wurde eine eigenständige Gemeinde gegründet, zu der auch die Familien von Waldemar Bernert und Emil Lange gehörten.

---

[237] Chronik von Jehovas Zeugen Versammlung Wermelskirchen in der Ausstellung „Standhaft trotz Verfolgung ..." im Jahr 1999

[238] Wachtturm-Gesellschaft [Hg.], Der Wachtturm, 01.12.1983, S. 31

[239] Website der Stadt Frankfurt/M https://frankfurt.de/frankfurt-entdecken-und-erleben/stadtportrait/stadtgeschichte/stolpersteine/stolpersteine-in-niederrad/familien/eichhorn-ludwig, letzter Zugriff 08.01.2022

[240] Bescheid des Regierungspräsidenten Köln vom 29.05.1956 zum Entschädigungsantrag von Helmut Reinert im Besitz seines Sohnes

Seit 1996 versammeln sich Jehovas Zeugen in Hückeswagen in diesem Kirchengebäude, das sie Königreichssaal nennen – in Erwartung der Erfüllung der Worte aus dem Vaterunser „Dein Reich [Königreich] komme"

Gleichzeitig wurden auch in einem Tanzsaal in der Marktstraße 5 in **Hückeswagen** des Öfteren biblische Vorträge gehalten. Doch in den übrigen Wochen fuhren die Hückeswagener Gläubigen nach Wermelskirchen. Dies sollte sich erst in den 1960er Jahren ändern, als der reisende Prediger Heinrich Dickmann die Gemeinden im Bergischen Land besuchte. Er selbst hatte zuvor mehr als 8 Jahre in den Konzentrationslagern Esterwegen, Sachsenhausen, Wewelsburg, Buchenwald und Ravensbrück gelitten.[241] Sein eigener Bruder August Dickmann, ebenfalls ein Zeuge Jehovas, war am 15.09.1939 als erster Kriegsdienstverweigerer im Deutschen Reich auf Befehl Heinrich Himmlers im KZ Sachsenhausen öffentlich erschossen worden. Zu dem Exekutionskommando der SS gehörte auch der spätere Kommandant des Vernichtungslagers Auschwitz, Rudolf Höß.[242] Heinrich Dickmann machte nun den Vorschlag, die Gläubigen aus Hückeswagen und Wipperfürth zu einer gemeinsamen Gemeinde zu vereinen. Das war die Geburtsstunde der Versammlung Hückeswagen.

In der Kantine der Rennerwerke in der Peterstraße 29 richtete die Hückeswagener Gemeinde einen gemieteten Saal für ihre Zusammenkünfte ein. Von 1964 bis 1968 versammelte sie sich dort. Nach dem Verkauf der Rennerwerke stand der Raum nicht mehr zur Verfügung. Danach zog die Gemeinde, zu der inzwischen auch die Zeugen Jehovas aus Marienheide gehörten, wieder zurück nach Ohl. Doch der Raum dort war für die inzwischen 60 Gläubigen viel zu klein, sodass ein Teil der Anwesenden während der Zusammenkünfte stehen musste. Die Gemeinde musste für eine Zeit sonntags getrennte Zusammenkünfte durchführen und so versammelten sich die Hückeswagener dann für zwei Jahre in Räumen des Arbeitsamtes und später in der Stadtbibliothek in der August-Lütgenau-Straße. Ab 1979 waren die Gläubigen aus beiden Orten dann in Wipperfürth, Flurstraße 22 wieder vereint. Doch auch dort wurden die Räumlichkeiten für die wachsende Zahl der Gläubigen bald zu klein. 1984 zog die Gemeinde daher zurück nach Hückeswagen, diesmal in die Wiehagener Straße 65, wo zuvor eine Kegelbahn in der ehemaligen Gaststätte Freund in einen Versammlungssaal umgebaut worden war.[243]

1995 wurde in Kobeshoven ein Baugrundstück erworben und im folgenden Jahr wurde schließlich ein eigenes Gemeindezentrum an der Stahlschmidtsbrücke 1a in Hückeswagen der Bestimmung übergeben. Dort trifft sich die Gemeinde bis heute. Lag die Anzahl der

---

[241] Erlebnisbericht, Wachtturm-Gesellschaft [Hg.], Der Wachtturm, 15.09.1972 S. 555-559

[242] Detlef Garbe, Zwischen Widerstand und Martyrium – Die Zeugen Jehovas im „Dritten Reich", 1997, S. 421 ff

[243] Horst Braun, Die Geschichte der Versammlung Hückeswagen, ca. 2000, unveröffentlichtes Redemanuskript. Frank Herrmann, Die Gründung der Versammlung Hückeswagen, 2021, unveröffentlichter Bericht.

Kongress verschiedener Gemeinden von Jehovas Zeugen in Radevormwald 1950

missionsaktiven Gläubigen 1980 noch bei 54 Personen, so wurde Ende der 1990er Jahre erstmals die Zahl von 100 aktiven Gläubigen überschritten.[244]

Parallel dazu hatte auch die Gemeinde von Jehovas Zeugen in **Radevormwald** ab 1948 wieder eigene Zusammenkünfte organisiert – zunächst in der Lindenbaumschule in der Kaiserstraße. Im selben Jahr fand in der Turnhalle in der Bredderstaße auch ein Kongress von Jehovas Zeugen aus verschiedenen Gemeinden des Bergischen Landes statt. Ab 1952 versammelten sich regelmäßig 20 Gläubige im Obergeschoss in der Wilhelmstraße 9 (heutige Jahnstraße 9). Bis 1981 war die Zahl der missionsaktiven Zeugen Jehovas auf 31 angestiegen und die Zusammenkünfte wurden in das Erdgeschoss verlegt. Anfang der 90er Jahre gab es bereits 60 Gläubige und die Räumlichkeiten waren wieder zu klein geworden. So wurde 1993 ein Grundstück auf dem Honsberg gekauft. Die Stadt Radevormwald erteilte die Baugenehmigung für einen eigenen Versammlungssaal. Aufgrund des Widerstands der dortigen Nachbarn wurde das Bauvorhaben jedoch nicht verwirklicht. Ab 1997 führte die Versammlung (Gemeinde) Radevormwald ihre eigenen Zusammenkünfte im Königreichssaal ihrer Nachbargemeinde in Hückeswagen durch. 1999 wurde das Gebäude der ehemaligen Firma Mundorf gekauft, abgerissen und durch einen Neubau ersetzt.[245] Gegenwärtig besteht die Gemeinde Radevormwald aus 76 missionsaktiven Gläubigen, die sich seit dem 14.09.2004 in ihrem eigenen Königreichssaal in der Uelfe-Wuppertal-Straße 15 versammeln.[246]

Im März 1999 wurde der zuvor in der Mahn- und Gedenkstätte Ravensbrück uraufgeführte Film „Standhaft trotz Verfolgung – Jehovas Zeugen unter dem NS-Regime“ in Wermelskirchen öffentlich gezeigt – begleitet von der Wanderausstellung „Die vergessenen Opfer“, in der das Schicksal von Opfern der Konzentrationslager in großen Schautafeln gezeigt wurde. Überlebende berichteten von ihrem Überlebenswillen und der Kraft, die sie aus dem Glauben geschöpft hatten. 1200 Personen besuchten die Ausstellung.

Im selben Jahr wurde das Wermelskirchener Gemeindezentrum in der Nordstraße behindertengerecht umgebaut. Danach fand am 26.03.2000 ein Tag der offenen Tür anlässlich des 40-jährigen Jubiläums des Königreichssaals (Kirchengebäude) statt. Inzwischen zählte die Gemeinde 130 missionsaktive Mitglieder, die am 25.09.2004 ihr 100-jähriges Gemeindejubiläum feierten. Dabei erinnerten sie auch an das Leid und die Standhaftigkeit ihrer Glaubensbrüder und -schwestern. Zu diesen gehörte auch Gertrud Hartmann, die 1996 in Wermelskirchen verstarb. In ihrem Nachlass fand sich folgendes Gedicht über ihre Haft im Frauenkonzentrationslager Lichtenburg:

---

[244] Chronik von Jehovas Zeugen Versammlung Hückeswagen in der Ausstellung „Standhaft trotz Verfolgung ...“ im Jahr 1999

[245] Klaus Haselhoff, 90 Jahre Jehovas Zeugen in Radevormwald, unveröffentlichtes Redemanuskript vom 16.10.2004

[246] Telefoninterview des Autors mit Klaus Haselhoff am 09.04.2021

„In der Lichtenburg mitten im deutschen Land
hält man Frauen gefangen,
die sich mutig zu ihrem Gott bekannt,
die einst Jehovas Namen besangen,
die sich treu zu ihrem Glauben bekennen
und sich Zeugen Jehovas nennen.

In der Lichtenburg kämpfen Frauen wie ein Mann
trotz aller Sorgen und Leid,
gegen dämonische Tücke an,
sie schwuren den Treueeid.
Jehova gibt die Kraft dazu,
er deckt alle Sorgen und Wünsche zu.

In der Lichtenburg ist das Singen verboten,
da sollen die Frauen in sich gehen,
die finsteren Mächte wüten und toben,
und möchten uns sterbend am Boden sehen.
Man nennt die Frauen Verbrecher und dumm
und dreht die Wahrheit zur Lüge um.
In der Lichtenburg gibt es wenig Brot
und selten ein freundliches Wort.
Für die Welt sind wir lebendig tot,
man brachte uns an sich´ren Ort.
Die Tau sind fest, die Fenster vergittert,
elektrischer Strom starke Drähte durchzittert.

In der Lichtenburg sind die Frauen vereint
aus allen deutschen Gauen,
wohl sind sie ernst, doch keine weint,
weil sie schon Gottes Königreich schauen,
sie sind umschlungen von geistigem Band
und fühlen sich wohl an Jehovas Hand.

In der Lichtenburg wurden Frauen gehetzt
von echten deutschen Frauen,
die zu herrschen über uns gesetzt,
die geringschätzig auf uns hernieder schauen,
die uns verspotten und verhöhnen
und reden so lieb von Völkerversöhnen.

In der Lichtenburg wurde trockenes Brot
auf vierzehn Tage verschrieben,
das ist ein strenges, hartes Gebot,
nur weil die Frauen treu geblieben
ihrem Gott und seinen Gesetzen,
um nicht den ewigen Bund zu verletzen.

In der Lichtenburg sind die Frauen beengt,
sie sitzen untätig umher,
hundertzwanzig in einem Saal gedrängt,
das Herz ist freudig, der Magen leer.
Was tut uns schon Strafe von Menschenhand,
wenn uns Jehova nur treu erfand!

In der Lichtenburg mitten im deutschen Land
wohnen Kummer und Leid.
Hierher hat man gute Frauen verbannt,
von ihren Familien entzweit.
Und doch sind es die besten, die ehrlich dachten,
die ihr Herz vor Heucheln und Lügen bewachten.

In der Lichtenburg halten wir freudig aus,
mag auch die Welt des Satans brennen,
bald führt uns Jehova in die Freiheit hinaus,
dann werden die Menschen erkennen,
dass wir für Jehovas Ehre gestritten,
dies alles um seinen Namen gelitten!"[247]

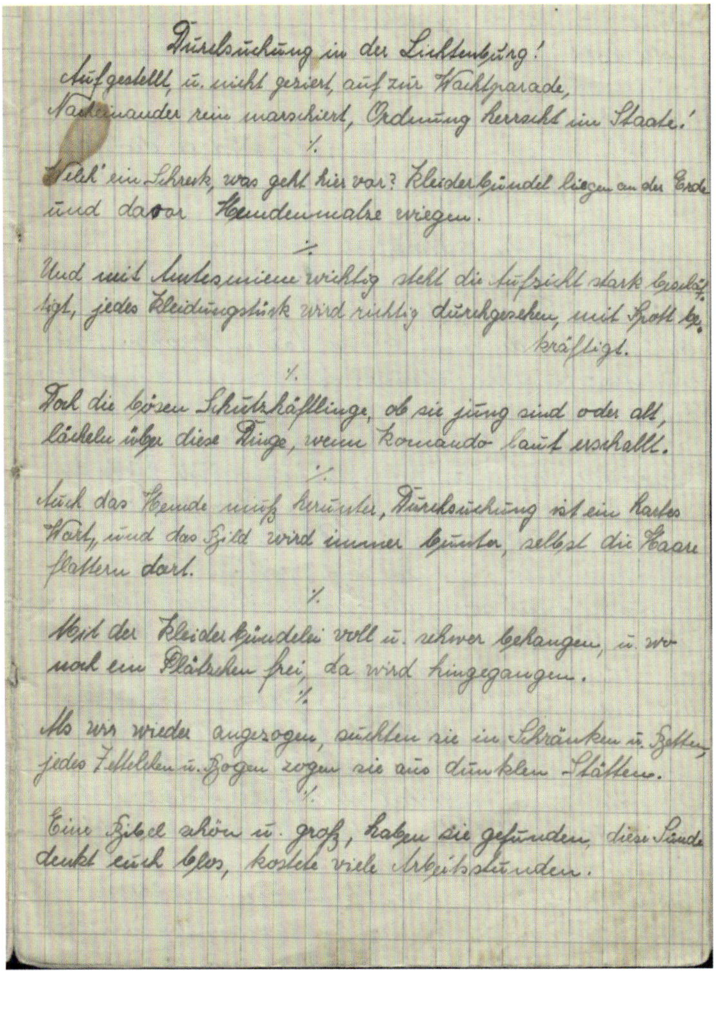
Durchsuchung in der Lichtenburg!
Aufgestellt u. nicht geziert, auf zur Wachtparade,
Nacheinander rein marschiert, Ordnung herrscht im Staate!
./.
Welch' ein Schreck, was geht hier vor? Kleiderbündel liegen an der Erde
und davor [illegible] wiegen.
./.
Und mit Amtesmiene wichtig steht die Aufsicht stark beschäftigt, jedes Kleidungsstück wird richtig durchgesehen, mit Spott bekräftigt.
./.
Doch die bösen Schutzhäftlinge, ob sie jung sind oder alt,
lächeln über diese Dinge, wenn Kommando laut erschallt.
./.
Auch das Hemde muß herunter, Durchsuchung ist ein hartes Wort, und das Bild wird immer bunter, selbst die Haare flattern dort.
./.
Mit der Kleiderbündeln voll u. schwer behangen, u. wo noch ein Plätzchen frei, da wird hingegangen.
./.
Als wir wieder angezogen, suchten sie in Schränken u. Betten, jedes Zettelchen u. Bogen zogen sie aus dunklen Stätten.
./.
Eine Bibel schön u. groß, haben sie gefunden, diese Sünde denkt euch blos, kostete viele Arbeitsstunden.

Erste Seite des eigenhändig von Gertrud Hartmann aufgeschriebenen Gedichts „Durchsuchung in der Lichtenburg". Die letzte Zeile des Gedichts diente als Vorlage für den Titel dieses Buches. (Gedicht aus ihrem Nachlass zitiert auf Seite 32)

[247] Hans Hesse / Jürgen Harder, 2001, Und wenn ich lebenslang in einem KZ bleiben müsste …, S. 120f

Aquarelle illustrieren das Leiden von Jehovas Zeugen im KZ Buchenwald

Johannes Steyer (1908-1998) arbeitete als Nadelrichter für Strickmaschinen. Er ließ sich 1931 als Zeuge Jehovas taufen und wurde am 05.03.1935 verhaftet und in das KZ Sachsenburg in der Nähe von Chemnitz gebracht. Dort verweigerte er den Fahnengruß der Hakenkreuzfahne und erhielt als Strafe 25 Stockhiebe und 70 Tage Dunkelarrest. Im Juli 1937 wurde er in das KZ Buchenwald verlegt, wo er die Häftlingsnummer 1795 erhielt. Hier verweigerte er den Wehrpass, was ihm die Prügelstrafe eintrug. Auch Häftlinge, die am Abend nach getaner Schwerstarbeit beim manchmal stundenlangem Zählappell fehlten, wurden grausam verprügelt oder gar erschossen – wie auf dem Gemälde unten von ihm selbst mit Wasserfarben gemalt. Am nächsten Morgen mussten die Häftlinge erneut zur Arbeit im Steinbruch ausrücken – wie auf dem Aquarell auf Seite 10, sowie auf dem Rücken dieses Bucheinbands von ihm eindrücklich dargestellt. Am 08.05.1940 wurde Johannes Steyer in das KZ Sachsenhausen überstellt. Auch hier verweigerte er den Wehrpass und wurde deswegen zum Tode verurteilt. Er überlebte nur, weil er versehentlich zu einem Baueinsatz gesandt wurde, der ihn über Stationen in Düsseldorf, der Kanalinsel Alderney ins KZ Mauthausen führte. Nach seiner Befreiung schuf er 27 autobiografische Aquarelle.

Der gesamte Buchenwald-Zyklus wurde 1998 in dem Buch „Am mutigsten waren immer wieder die Zeugen Jehovas" von Hans Hesse veröffentlicht (Seiten 134-159). Zur gleichen Zeit wie Johannes Steyer waren aus Wermelskirchen auch Friedrich Nathanael Brosius, Karl Noske, Friedrich Wilhelm Schütters, sowie Wilhelm Nollert, der Ehemann von Gertrud Hartmann im KZ Buchenwald inhaftiert, so dass die Aquarelle auch ihr Schicksal zeigen.

Anhang 1:

Zehn Gründe für die Verfolgung von Jehovas Zeugen durch die Nationalsozialisten

Jehovas Zeugen stützen ihre Glaubensansichten ausschließlich auf die Heilige Schrift. Daher sind im Folgenden die von ihnen als Glaubensbegründung angegebenen Bibelworte genannt, die sie unweigerlich in Konflikt mit dem nationalsozialistischen Staat bringen mussten:.

1. **Primat des Gottesworts über staatlicher Autorität:** Jehovas Zeugen betrachten es als göttliches Gebot, den Gesetzen jedes Landes zu gehorchen und ehrlich ihre Steuern zu bezahlen.[248] Die einzige Ausnahme bilden Gesetze, die von Christen Dinge verlangen, die im Widerspruch zum Wort Gottes stehen. Dies führte in einem Staat, dessen Partei versuchte, mit ihren Untergruppierungen und Zwangsorganisationen in jeden Bereich menschlichen Denkens und Handelns hineinzuwirken, zwangsläufig zu Auseinandersetzungen.

„Man muß Gott mehr gehorchen als Menschen." - Apostelgeschichte 5, 29

2. **Strikte politische Neutralität:** Dem Beispiel von Jesus folgend engagieren sich Jehovas Zeugen nicht politisch, hindern aber andere auch nicht daran ihre politischen Überzeugungen zu vertreten.

„Die Welt hat sie gehaßt, weil sie nicht von der Welt sind, gleichwie ich nicht von der Welt bin." - Johannesevangelium 17, 14

3. **Wehrdienstverweigerung:** In allen Ländern lehnen Jehovas Zeugen aufgrund ihrer persönlichen Gewissensentscheidung die Teilnahme an Kampfhandlungen ab. Dies führte im Zweiten Weltkrieg zu Verboten der Religionsgemeinschaft und Inhaftierungen ihrer Mitglieder auf beiden Seiten der kriegführenden Länder. In Deutschland wurden nach Kriegsausbruch Hunderte Todesurteile an jungen Zeugen Jehovas vollstreckt.[249]

„Sie werden ihre Schwerter zu Pflugmessern schmieden, und ihre Speere zu Winzermessern; nicht wird Nation wider Nation das Schwert erheben, und sie werden den Krieg nicht mehr lernen." - Prophet Jesaja 2, 4

4. **Ablehnung des Führerprinzips:** Da Jehovas Zeugen Jesus Christus als ihren Führer betrachten, konnten sie sich nicht am Führerkult um Adolf Hitler beteiligen.

„Laßt euch auch nicht Meister [od. Führer, Fn.] nennen; denn einer ist euer Meister, der Christus." - Matthäusevangelium 23, 10

5. **Verweigerung des „Deutschen Gruß" („Heil Hitler"):** Da die Bibel das „Heil" (die Rettung oder Erlösung) Jesus Christus zuschreibt, verweigerten viele Zeugen Jehovas den „deutschen Gruß", was zu Entlassungen am Arbeitsplatz und sogar wie im Fall des Massenprozesses von Wermelskirchener und Leverkusener Zeugen Jehovas zu einer verlängerten Haftstrafe führte.[250]

„Wir haben gesehen und bezeugen, daß der Vater den Sohn gesandt hat als Heiland der

---

[248] „Sie gelten als die ehrlichsten und pünktlichsten Steuerzahler der Bundesrepublik" - Münchner Merkur, 25. Juli 1978

[249] Von 337 bekannten Todesurteilen durch das Reichskriegsgericht oder untergeordnete Wehrmachtsgerichte wurden 282 Urteile tatsächlich vollstreckt. - Gerhard Besier / Katarzyna Stoklosa [Hgg], 2018, Jehovas Zeugen in Europa – Geschichte und Gegenwart Bd. 3 S. 188

[250] Urteil vom 15.10.1935 - Landesarchiv NRW Gerichte Rep. 88 Nr. 607

Welt." - Erster Brief des Johannes 4, 14

6. **Hoffnung auf Gottes Königreich:** Jehovas Zeugen betrachten das Reich oder Königreich Gottes als eine reale Regierung, von der sie die Realisierung der ursprünglichen Absicht Gottes erwarten, dass Menschen auf Erden in einem Paradies leben werden. Die NS-Ideologie von einem Tausendjährigem Reich projizierte diese Erwartung dagegen auf eine menschliche Regierung.

„Dein Reich komme" - Matthäusevangelium 6, 10

„In den Tagen dieser Könige wird der Gott des Himmels ein Königreich aufrichten, welches ewiglich nicht zerstört, und dessen Herrschaft keinem anderen Volke überlassen werden wird" - Prophet Daniel 2, 44

7. **Wahlenthaltung:** Da ihre Wahl das Königreich Gottes als Regierung ist, sind sie wie die Christen im ersten Jahrhundert politisch neutral. In einem Staat mit Wahlpflicht, der hundertprozentige Zustimmung erwartete, stieß diese Haltung auf Unverständnis.

„Da nun Jesus erkannte, daß sie kommen und ihn ergreifen wollten, auf daß sie ihn zum König machten, entwich er wieder auf den Berg, er selbst allein." Johannesevangelium 6, 15

8. **Ablehnung von Rassismus:** Für Jehovas Zeugen sind alle Menschen unabhängig von Geburt und Status vor Gott gleich. Daher war ihnen der Gedanke an eine arische Herrenrasse, die anderen überlegen sei, völlig fremd. Nicht selten unterstützten sie jüdische Mitbürger oder versteckten sie sogar.[251]

„In jeder Nation, wer ihn fürchtet und Gerechtigkeit wirkt, ist ihm angenehm" - Apostelgeschichte 10, 35

9. **Ablehnung von Nationalismus:** Jehovas Zeugen glauben, dass alle Menschen einen gemeinsamen Ursprung haben und dass kein Land einem anderen überlegen ist und bilden daher eine internationale Bruderschaft.

„Er hat aus einem Blute jede Nation der Menschen gemacht, um auf dem ganzen Erdboden zu wohnen" - Apostelgeschichte 17, 26

10. **Weigerung nationale Symbole zu verehren:** Jehovas Zeugen glauben, dass Verehrung nur Gott gebührt. Daher weigerten sie sich die Nationalhymne oder das Horst-Wessel-Lied zu singen, selbst wenn sie dafür ihren Arbeitsplatz verloren. Sie weigerten sich auch die Hakenkreuzfahne aus dem Fenster zu hängen, obwohl es einigen ihre Wohnung kostete.[252]

Grundlage für ihre Haltung ist der Bericht über drei Beamte am Königshof in Babylon, die sich weigerten, sich vor einem Staatssymbol niederzubeugen und daher mit dem Tod bedroht wurden. - Prophet Daniel Kapitel 3

---

[251] So erinnert in Frankfurt vor seinem Wohnhaus eine Stele an Bäckermeister Bertram mit der Inschrift: „Im Hause Rohrbachstraße 58 lebte und arbeitete der Bäcker Martin Bertram, ein Zeuge Jehovas. Trotz Drohungen der Nationalsozialisten im Jahr 1933 versorgte er, seinem Gewissen folgend, weiterhin auch Juden mit Brot. Dafür erlitt er Geschäftsaufgabe, Gefängnis und 8 Jahre Haft im KZ Buchenwald."

[252] Wachtturm-Gesellschaft [Hg.], Jahrbuch der Zeugen Jehovas 1989, S. 100 f

Anhang 2:

Kurze Chronologie von Jehovas Zeugen im Bergischen Land

1897
Die Zeitschrift Der Wachtturm erscheint erstmals in deutscher Sprache.

1900
Die Bibelforschergemeinde in Wermelskirchen entsteht.

1902
Im bergischen Elberfeld wird ein Literaturdepot gegründet, welches im folgenden Jahr zum ersten Zweigbüro der Bibelforscher in Deutschland wird.

1905
Erste „Hauptversammlung“ (Kongress) der Bibelforscher vom 21.-24. April in Elberfeld.

1908
Das deutsche Zweigbüro der Bibelforscher wird von Elberfeld nach Barmen verlegt.

1916
Der ehemalige Wermelskirchener Fabrikant Karl Wellershaus beginnt als reisender Vortragsredner Bibelforschergemeinden im ganzen Deutschen Reich zu besuchen.

1922
Im Kino in der Telegrafenstraße in Wermelskirchen wird vom 15.-17. März erstmals das Photodrama der Schöpfung, eine Kombination aus Filmen, kolorierten Dias und Tonaufnahmen gezeigt.

1924
Walther und Auguste Schaumburg sind die ersten bekannten Bibelforscher in Radevormwald.

1931
Die Bibelforscher nehmen am 26. Juli in einer Resolution auf einem Kongress in Columbus (Ohio, USA) den neuen Namen Jehovas Zeugen an. Kurz darauf stimmen die Gemeinden im Bergischen Land der Resolution zu.

1933
Die Verbreitung aller von Jehovas Zeugen gedruckten Schriften wird am 1. April verboten. Am 24. Juni folgt das Verbot der Internationalen Bibelforscher-Vereinigung in Preußen. Erste Zeugen Jehovas aus dem Bergischen Land werden in Lagern im Emsland interniert.

1934
Tausende Protesttelegramme und Briefe gegen die Verfolgung und Einweisung von Jehovas Zeugen in die frühen Konzentrationslager werden am 7. Oktober aus dem In- und Ausland an Hitler gesandt.

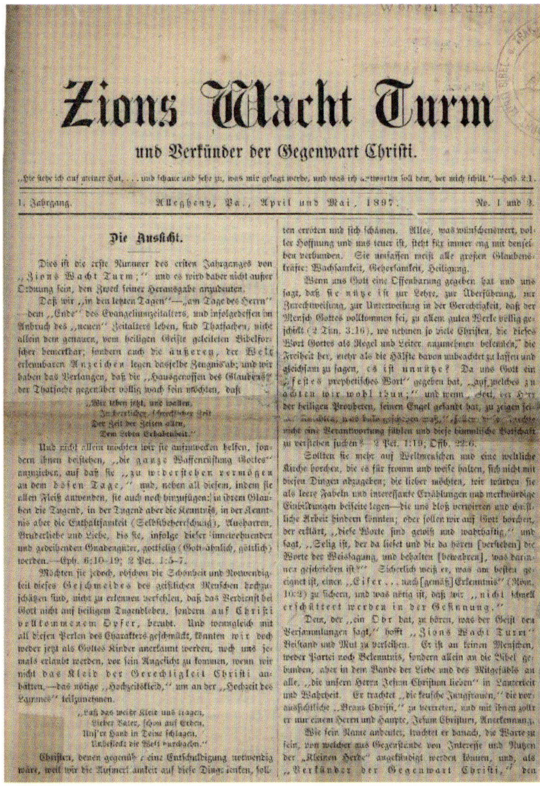

Zions Wacht Turm

und Verkünder der Gegenwart Christi.

„Hie stehe ich auf meiner Hut, . . . und schaue und sehe zu, was mir gesagt werde, und was ich antworten soll dem, der mich schilt.“—Hab. 2:1.

1. Jahrgang. Allegheny, Pa., April und Mai, 1897. No. 1 und 2.

Die Aussicht.

Dies ist die erste Nummer des ersten Jahrganges von „Zions Wacht Turm;“ und es wird daher nicht außer Ordnung sein, den Zweck seiner Herausgabe anzudeuten.

Daß wir „in den letzten Tagen“—„am Tage des Herrn“—dem „Ende“ des Evangeliumzeitalters, und infolgedessen im Anbruch des „neuen“ Zeitalters leben, sind Thatsachen, nicht ...

... ten erröten und sich schämen. Alles, was wünschenswert, voller Hoffnung und was teuer ist, steht für immer eng mit denselben verbunden. Sie umfassen meist alle großen Glaubenskräfte: Wachsamkeit, Gehorsamkeit, Heiligung.

Wenn uns Gott eine Offenbarung gegeben hat und uns sagt, daß sie nütze ist zur Lehre, zur Überführung, zur Zurechtweisung, zur Unterweisung in der Gerechtigkeit, daß der Mensch Gottes vollkommen sei, zu allem guten Werke völlig geschickt ...

Im April 1897 erschien die von Jehovas Zeugen herausgegebene Zeitschrift „Der Wachtturm“ zum ersten Mal auf Deutsch

1935
In einem Massenprozess in Radevormwald werden 14 Zeugen Jehovas zu Haftstrafen verurteilt.

1936
Jehovas Zeugen im Bergischen Land beteiligen sich am 12. Dezember an einer reichsweiten Verteilung von mehr als 100.000 im Untergrund hergestellten Protestflugblättern gegen die Christenverfolgung.

1937
Jehovas Zeugen in den KZs werden als eigene Häftlingsgruppe durch einen lila Winkel gekennzeichnet. Am 20. Juni verbreiten Jehovas Zeugen reichsweit heimlich einen „Offenen Brief", der Einzelheiten der NS-Gräueltaten aufdeckt.

1938
Friedrich N. Brosius, Mitinhaber eines Wermelskirchener Schuhgeschäfts, wird bis Kriegsende im KZ Buchenwald inhaftiert.

1939
Erste Todesurteile gegen Jehovas Zeugen, die den Kriegsdienst verweigerten, werden vollstreckt.

1943
Inhaftierte Zeugen Jehovas werden wegen ihrer Zuverlässigkeit vermehrt zu Arbeitskommandos außerhalb der KZs abkommandiert, was vielen von ihnen das Leben rettet.

1944
Jehovas Zeugen schmuggeln biblische Literatur in die KZs und vervielfältigen sie dort.

1945
Jehovas Zeugen kehren aus den Konzentrationslagern zurück und beginnen die Ortsgemeinden wieder neu aufzubauen. Einige wie Gertrud Nollert (später Hartmann) und Friedrich Schütters haben mehr als acht Jahre in verschiedenen KZs verbracht und siedeln sich in den folgenden Jahren in Wermelskirchen an.

1948
In Radevormwald beginnen Jehovas Zeugen regelmäßige Zusammenkünfte abzuhalten.

1950
Nach dem erneuten Verbot von Jehovas Zeugen in der DDR am 31. August fliehen weitere KZ-Überlebende nach Wermelskirchen, darunter auch Karl Noske, der acht Jahre in Buchenwald verbringen musste.

1960
Bestimmungsübergabe des Königreichssaal genannten Versammlungssaals der Wermelskirchener Gemeinde am 28. März.

1964
Die Gemeinde von Jehovas Zeugen in Hückeswagen entsteht, zu der auch die Gläubigen aus Wipperfürth gehörten.

1990
Die „Religionsgemeinschaft der Zeugen Jehovas in der DDR" erhält am 18. März die staatliche Anerkennung.

1996
Weltpremiere der Videodokumentation *„Standhaft trotz Verfolgung – Jehovas Zeugen unter dem NS-Regime“* an der Mahn- und Gedenkstätte Ravensbrück.

Jehovas Zeugen in Hückeswagen kommen erstmals in einem eigenen Gebäude zusammen.

2000
Das Bundesverfassungsgericht entscheidet zugunsten von Jehovas Zeugen und hebt das Urteil des Bundesverwaltungsgerichts auf, dass Jehovas Zeugen den Körperschaftsstatus verweigerte.

2004
Der Königreichssaal in Radevormwald wird in Eigenleistung erbaut.

2006
Durch die Anerkennung als Körperschaft des öffentlichen Rechts in Berlin am 13. Juni werden Jehovas Zeugen den großen Kirchen gleichgestellt.

2017
Am 21. Januar verleiht Nordrhein-Westfalen als letztes Bundesland Jehovas Zeugen den Körperschaftsstatus.

Anhang 3:

Alphabetisches Namensverzeichnis der verfolgten Zeugen Jehovas 1933-1945

Quellenangaben im ausführlichen Bericht

1. Hückeswagen

a) gebürtige Hückeswagenerinnen verfolgt in Radevormwald bzw. Wermelskirchen:

Schaumburg, Auguste:	1935-1936	1 Monat Haft in Düsseldorf
Staller, Klara:	1937	Hausdurchsuchung und Verhör

b) nach der Verfolgung von Wipperfürth aus für die Gemeinde in Hückeswagen aktiv:

Hartstang, Otto	1935-1945	Remscheider 7 Jahre und 5 Monate Haft im KZ Esterwegen und Sachsenhausen

2. Radevormwald

a) in Radevormwald verfolgte Personen:

Fischer, Albert.	1935-1936	1 Monat Haft
Fischer, Ida Marta:	1935-1936	1 Monat Haft
Guth, Emil:	1936-1945	3 Jahre 8 Monate Haft im Straflager Oberems, KZ Buchenwald
Guth, Martha Lina:	1942-1945	3 Jahre 2 Monate Haft in Ravensbrück
Herminghaus, Hugo:	1935-1936	3 Monate Haft
Herminghaus, Selma Elfriede:	1935-1936	1 Monat Haft
Hillebrand, Albert Christian Carl:	1935-1936	3 Monate Haft
Hillebrand, Hedwig:	1936	1 Monat Haft
Klüting, Adele Ida:	1935-1936	5 Monate Haft
Klüting, Karl:	1935-1936	3 Monate Haft
Klüting, Rudolf:	1935-1936	4 Monate Haft
Klüting, Theresie:	1936	1 Monat Haft
Schaumburg, Auguste:		*siehe unter Hückeswagen*
Schaumburg Gisela:	1935-1936	Minderjährige von Eltern getrennt
Schaumburg H. W. Walther:	1935-1936	3 Monate Haft
Schaumburg Siegfried:	1935-1936	Minderjähriger von Eltern getrennt
Schwartz, Paul Hermann:	1937	3 Monate Haft
Schwartz, Anna Maria:	1935-1936	1 Monat Haft
Schwartz, Sohn	1936/1937	Kleinkind von Eltern getrennt

b) gebürtiger Radevormwalder auswärts verfolgt:

Reinwald, Erich:	1937	3 Monate Haft in Wuppertal, Entzug von Kohlebezugsscheinen

c) nach der Verfolgung nach Radevormwald zugezogen:

Carl, Wilhelm:	1937-1938	nach 4 Monaten Haft amnestiert
Mühlhoff, Erwin:	1936	6 Wochen Haft, Arbeitsplatzverlust

3. Wermelskirchen

a) in Wermelskirchen verfolgte Personen:

Brosius, Daniel Alfred:	1937	Hausdurchsuchung und Verhör
Brosius, Elsa Herta:	1935-1939	Hausdurchsuchungen, Arbeitsplatzverlust
Brosius, Friedrich Nathanael:	1936-1945	7 Jahre 9 Monate Haft in Buchenwald
Brosius, Ilse:	1937	Hausdurchsuchung und Verhör
Brosius, Ingeborg Gisela Juliane:	1936-1945	Minderjährige von ihrem Vater getrennt
Brosius, Johannes Erich:	1935-1936	3 Monate Haft in Opladen und Düsseldorf, Flucht nach Chile
Brosius, Otto:	1935	Hausdurchsuchung
Brosius, Phöbe Ruth Ursula:	1936-1945	Minderjährige von ihrem Vater getrennt
Hupperts, Elfriede Emma:	1944-1945	11 Monate Haft an 6 Orten
Hupperts, Heinrich Johann:	1937	7 Monate Haft im Straflager Börgermoor
Hupperts, Tochter	1937, 1944/5	Minderjährige von Eltern getrennt
Oberhoff, Hugo:	1937	Hausdurchsuchung und Verhör
Oberhoff, Hulda:	1937	Hausdurchsuchung und Verhör
Peters, Hildegard:	1934-1936	3 Monate Haft in Essen
Schäfer, Helga:	1938 (?)	Minderjährige verliert Lehrstelle
Schäfer, Olga:	1938	Entzug Lebensmittelkarten
Schäfer, Oskar:	1938	2 x Arbeitsplatzverlust
Selbach, August:	1937	Hausdurchsuchung und Verhör
Selbach, Marta:	1937	Hausdurchsuchung und Verhör
Siebel, Anna:	1935-1938	1 Monat Haft, weitere Verhöre
Staller, Klara:		*siehe unter Hückeswagen*
Wurmnest, Martha:	1935-1938	6 Monate Haft in Düsseldorf und Anrath

b) ehemalige Wermelskirchener auswärts verfolgt:

Baus, Ernst Friedrich:	1935-1938	1 Jahr Haft u. a. im KZ Esterwegen
Schröder, Hermann:	1942-1944	1 Jahr und 2 Monate Haft in München

c) nach der Verfolgung nach Wermelskirchen zugezogen:

Bischoff, Ludwig Friedrich Wilhelm:	1936-1938	1 Jahr 6 Monate Haft KZ Sachsenhausen
Diener, Anna:	1940	6 Monate Haft in Halle
Diener, Marianne:	1940	Minderjährige von ihrer Mutter getrennt
Kottner, Martha Minna:	1937/8, 1943-45	1 Jahr, 10 Monate Haft in Bayern
Lange, Johannes Otto:	1933-1934	3 Tage Haft, Passsperre
Meister, Karl:	1935-1938	1 Jahr Haft im KZ Esterwegen
Nollert (später Hartmann), Frieda Gertrud:	1936-1945	8 Jahre und 6 Monate Haft in KZs Moringen, Lichtenburg und Ravensbrück
Noske, Karl Josef Anton:	1937-1945	8 Jahre Haft im Straflager Neusustrum und im KZ Buchenwald
Noske, Hans Karl Wilhelm:	1937-1945	Minderjähriger von seinem Vater getrennt, Haft in DDR
Schütters, Friedrich Wilhelm:	1937-1945	7 Jahre 6 Monate Haft in den KZs Buchenwald, Wewelsburg, Sachsenhausen
Wolf, Marta:	1936	2 Monate Haft in Breslau

d) Erziehungsgewalt entzogen und Pflegesohn in Wermelskirchener Kinderheim verbracht:

Schröder, Anna:	1935-1940	10 Monate Haft Düsseldorf und Anrath, 1 Jahr 5 Monate Entzug des Pflegekinds

4. Auswärtige im Bericht erwähnte NS-Opfer

Becker, Walter:	1935	Haft im KZ Esterwegen
Dickmann, August:	1936-1939	erschossen im KZ Sachsenhausen nach 2 Jahren und 11 Monaten Haft
Dickmann, Heinrich:	1935-1945	8 Jahre 4 Monate Haft in den KZs Esterwegen, Sachsenhausen, Wewelsburg, Buchenwald, Ravensbrück
Dietschi, Heinrich	1937-1942	4 Jahre und 6 Monate Haft in Berlin
Döllinger, Bernhard:	1944-1945	Wuppertaler nach 10 Monaten Haft in Buchenwald auf Todesmarsch getötet
Eichhorn, Ludwig Heinrich:	1937-1945	8 Jahre 2 Monate Haft in Buchenwald
Franke, Max Konrad:	1933-1945	9 Jahre Haft u. a. im KZ Sachsenhausen, Todesmarsch überlebt
Gesink, Gerhard Theodor	1939, 1944/5	2 Jahre 7 Monate Haft, Flucht
Gesink, Heinrich Christiaan	1935/6, 1942-5	3 Jahre 8 Monate Haft in Sachsenhausen
Gesink, Johanne Henriette	1935/6, 1942-5	3 Jahre 5 Monate Haft in Ravensbrück, Auschwitz, gestorben in Bergen-Belsen
Götzmann, Karl:	1933-1934	Wuppertaler 10 Monate Haft im Emslandlager Börgermoor
Grote, Max August:	1934-1940	Wuppertaler nach 1 Jahr 9 Monate Haft an Misshandlungen verstorben
Hammesfahr, Erich:	1936-1940	Solinger nach 3 Jahren 5 Monaten Haft im KZ Sachsenhausen verstorben
Hartstang, Fritz	1940-1945	Remscheider von der Gestapo in Holland und Belgien gejagt
Hengeveld, Mathilde:	1940, 1944/5	Solingerin nach 1 Jahr Haft in Berlin-Plötzensee enthauptet
Höhne, Ella:	1940	6 Monate (?) Haft in Halle
Höhne, Wilhelm:	1940/1, 1945	erschossen nach 11 Monaten Haft
Hollweg, Max	1938-1945	Remscheider 6 Jahre und 10 Monate in den KZs Buchenwald und Wewelsburg
Kottner, Gustav Hermann:	1937/8, 1940/1	nach Misshandlungen in Haft gestorben
Maischatz, Johann:	1936-1942	Wuppertaler nach 5 Jahren 10 Monaten Haft in Sachsenhausen, Mauthausen, Neuengamme ermordet im KZ Dachau
Marchwinski, Sylwester	1944-1945	Leverkusener in Mauthausen verstorben
Nollert, Wilhelm:	1937-1944	7Jahre 2 Monate Haft in Buchenwald und Dachau. Ermordet im KZ Majdanek
Ohm, Karl	1937-1940	2 Jahre 5 Monate im KZ Buchenwald
Reinwald, Elsa:	1936	2 Wochen Haft in Wuppertal
Schlüter, August:	1941-1943	nach 2 Jahre 6 Monate in Haft verstorben
Seifert, Karl Bruno:	1937	8 Monate Haft in Torgau, später in DDR-Haft ermordet
Steyer, Johannes	1935-1945	7 Jahre 2 Monate in den KZ Sachenburg, Buchenwald, Sachsenhausen u. Mauths.
Weinen, Ferdinand	1936-1945	Remscheider 5 Jahre 5 Monate in Haft

5. Weitere bekannte Bibelforscher im Bergischen Land vor 1933

Brosius, Mathilde:	Bibelforscherin in Wermelskirchen seit 1900
Lauper, Samuel:	Bibelforscher in Wermelskirchen seit 1900
Paas, Gottlieb:	Bibelforscher in Wermelskirchen seit 1900
Wellershaus, Emma Helene:	Bibelforscherin in Wermelskirchen seit 1907
Wellershaus, Karl:	Bibelforscher in Wermelskirchen seit 1900

Anhang 4:
Bildnachweis

Bild 1, Titel, Jehovas Zeugen in Buchenwald: *Jehovas Zeugen, Archiv Zentraleuropa*

Bild 2, Seite 4, M. Krüger mit S. Kämmer: *Udo Teifel, Bergische Morgenpost*

Bild 3, Seite 6, I. Kausemann: *Privatbesitz I. Kausemann*

Bild 4, Seite 7, D. Persian: *Stadt Hückeswagen*

Bild 5, Seite 8, J. Mans: *Stadt Radevormwald*

Bild 6, Seite 9, M. Lück: *Stadt Wermelskirchen*

Bild 7, Seite 11, Bibelforschergruppe: *Jehovas Zeugen, Archiv Zentraleuropa*

Bild 8, Seite 11, Bibelhaus: *Jehovas Zeugen, Archiv Zentraleuropa*

Bild 9 Seite 12, Das Goldene Zeitalter (1.4.1923): *Jehovas Zeugen, Archiv Zentraleuropa*

Bild 10, Seite 13, Ehepaar Wellershaus: *Privatbesitz Edgar Oehl*

Bild 11, Seite 13, Spazierstock: *T. Martin Krüger, Bonn*

Bild 12, Seite 13, Briefkopf Gebr. Wellershaus: *Stadtarchiv Wermelskirchen*

Bild 13, Seite 14, Plakat Photodrama: *Stadtarchiv Wermelskirchen*

Bild 14, Seite 16, Das Goldene Zeitalter (15.9.1937): *Archiv Jehovas Zeugen Lörrach*

Bild 15, Seite 16, Trost (1.3.1938): *Jehovas Zeugen, Archiv Zentraleuropa*

Bild 16, Seite 17, Faschismus oder Freiheit: *Jehovas Zeugen, Archiv Zentraleuropa*

Bild 17, Seite 17, Das Goldene Zeitalter (1.6.1934): *Jehovas Zeugen, Archiv Zentraleuropa*

Bild 18, Seite 19, Zeitungsartikel Radevormwald: *Privatbesitz*

Bild 19, Seite 19, Familie Schaumburg: *Privatbesitz*

Bild 20, Seite 19, R. u. A. Klüting, P. Schwartz: *Privatbesitz*

Bild 21, Seite 22 Bericht M. Wurmnest: *Landesarchiv NRW R, RW 0058 Nr. 15756 Bl. 10*

Bild 22, Seite 24, F. Brosius: *Landesarchiv (LAV) NRW R, RW 0058 Nr. 74013 Bl. 2*

Bild 23, Seite 25, Brief E. Brosius: *LAV NRW R, Gerichte Rep. 114 Nr. 1223 Bl. 84-85*

Bild 24, Seite 26, Brief F. Brosius aus KZ: *LAV NRW R, RW 0058 Nr. 74013 Bl. 137-139*

Bild 25, Seite 30, Zeichnung KZ Sachsenhausen: *Jehovas Zeugen, Archiv Zentraleuropa*

Bild 26, Seite 30, Familie Gesink: *Privatbesitz*

Bild 27, Seite 31, G. Hartmann: *Nachlass G. Hartmann, Privatbesitz*

Bild 28, Seite 36, Gut Harzwalde: *Jehovas Zeugen, Archiv Zentraleuropa*

Bild 29, Seite 37, W. Nollert: *Nachlass G. Hartmann, Privatbesitz*

Bild 30, Seite 38, F. Schütters: *Landesarchiv NRW R, RW 0058 Nr. 41677 Bl. 1 R*

Bild 31, Seite 39, Zeichnung Todesmarsch Rast: *Jehovas Zeugen, Archiv Zentraleuropa*

Bild 32, Seite 39, Zeichnung Befreiung: *Jehovas Zeugen, Archiv Zentraleuropa*

Bild 33, Seite 40, Stolperstein F. Schütters: *T. Martin Krüger, Bonn*

Bild 34, Seite 42, M. Guth: *Landesarchiv NRW R, RW 0058 Nr. 00326 Bl. 15*

Bild 35, Seite 42, Gestapo-Telegramm: *Landesarchiv NRW R, RW 0058 Nr. 24843 Bl. 10*

Bild 36, Seite 43, E. Guth: *Landesarchiv NRW R, RW 0058 Nr. 51773 Bl. 32*

Bild 37, Seite 44, Erklärung E. Guth: *Landesarchiv NRW R, RW 0058 Nr. 51773 Bl. 22*

Bild 38, Seite 45, A. Schröder: *Landesarchiv NRW R, RW 0058 Nr. 48290 Bl. 2*

Bild 39, Seite 47, 3 Zeugen Jehovas im KZ Buchenwald: *Jehovas Zeugen, Archiv Zentraleuropa*

Bild 40, Seite 48, L. Bischoff: *T. Martin Krüger, Bonn*

Bild 41, Seite 49, O. Hartstang: *Privatbesitz Heidemarie Kolhosher*

Bild 42, Seite 50, Zeichnung KZ Esterwegen: *Jehovas Zeugen, Archiv Zentraleuropa*

Bild 43, Seite 51, A. Diener: *Privatbesitz Marianne Gotthardt*

Bild 44, Seite 51, M. Diener: *Privatbesitz Marianne Gotthardt*

Bild 45, Seite 52, Der Wachtturm (1.12.1939): *Jehovas Zeugen, Archiv Zentraleuropa*

Bild 46, Seite 53, Stolperstein E. Hammesfahr: *T. Martin Krüger, Bonn*

Bild 47, Seite 54, Resolution von 1936 (Seite 1): *Jehovas Zeugen, Archiv Zentraleuropa*

Bild 48, Seite 54, Resolution von 1936 (Seite 2): *Jehovas Zeugen, Archiv Zentraleuropa*

Bild 49, Seite 55, Häftlingskarte B. Döllinger: *Häftlingsunterlagen, KZ Buchenwald, 1.1.5 / 5768929 ITS Digital Archive*

Bild 50, Seite 55, Untergang der Cap Arcona: *Royal Air Force, 3.5.1945 (gemeinfrei)*

Bild 51, Seite 57, Trost (1.3.1938): *Jehovas Zeugen, Archiv Zentraleuropa*

Bild 52, Seite 58, Buch: *Es ist unmöglich ...: Mindt, Bielefeld*

Bild 53, Seite 58, Jehovas Zeugen im KZ Wewelsburg: *Jehovas Zeugen, Archiv Zentraleuropa*

Bild 54, Seite 60, Laienspielgruppe Wermelskirchen: *T. Martin Krüger, Bonn*

Bild 55, Seite 61, Königreichssaal Hückeswagen: *T. Martin Krüger, Bonn*

Bild 56, Seite 62, Kongress Radevormwald: *Privatbesitz*

Bild 57, Seite 64, Gedicht „Durchsuchung in der Lichtenburg“: *Nachlass G. Hartmann, Privatbesitz*

Bild 58, Seite 65, Buchwald-Zyklus von J. Steyer Nr. 7 (Zählappell): *Jehovas Zeugen, Archiv Zentraleuropa*

Bild 59, Seite 68, Der Wachtturm (April/Mai 1897): *Jehovas Zeugen, Archiv Zentraleuropa*

Bild 60, Seite 76, Häftlingsanzug: *Jehovas Zeugen, Archiv Zentraleuropa*

Bild 61, Rückseite und Seite 10, Buchwald-Zyklus von J. Steyer Nr. 7 (Ausrücken zur Arbeit): *Jehovas Zeugen, Archiv Zentraleuropa*

Häftlingsanzug eines Zeugen Jehovas mit lila Winkel als Erkennungszeichen

Jehovas Zeugen waren die einzige Religionsgemeinschaft, die von der NS in den Konzentrationslagern durch ein eigenes Kennzeichen stigmatisiert wurde, dem lila Winkel. Sie waren auch die einzigen Häftlinge, die jederzeit freikommen konnten, wenn sie ihrem Glauben schriftlich abgeschworen hätten. „Von den etwa 25.000 Zeugen Jehovas in NS-Deutschland wurden ca. 10.700 unmittelbar verfolgt und rund 8.800 inhaftiert, davon 2.800 im KZ. Etwa 1000 Deutsche verloren unter der NS-Verfolgung ihr Leben."

Prof. Dr. mult. Gerhard Besier in „Jehovas Zeugen in Europa, Band 3, Seite 188"